マンガでわかる

女性のための 相続遺言

司法書士
川村常雄

総合法令出版

はじめに

相続は予期しないときにやってきます。

ずっと一人で暮らしてきました、結婚はしていません、子供はいません、実家には帰りません、そんな人にも必ず相続はおこります。

父が亡くなったら、母が亡くなったら、残された私は相続をどのようにすればよいのだろうか。あるいは、もし突然夫が亡くなったとき私はどうしたらよいのだろうか。逆に、もし自分の身に何かが起こったとき、残された家族や大切な人に自分は何をしてあげられるのだろうか。

でも、誰に相談したらよいのか、どのような本を読めばよいのだろうか。そもそも、親や夫が亡くなったときにそんな時間や気持ちの余裕があるのだろうか。

このように何か不安になったときこそ、ぜひこの本を読んでみてください。あなたにとってきっとお役に立つことが書いてあると思います。

相続や遺言に関する事柄は膨大で、すべて網羅しようと思えば、それこそ分厚い本ができあがってしまいます。しかし、いざというときに一から勉強しようと思っても時間がかかりますし、せっかく勉強しても専門家でなければその知識をうまく活用することができません。

したがって、本書は相続や遺言に関して、最低限これだけは知っておいていただきたい知識だけをわかりやすく解説することに努めました。また遺言書の作成の重要性やポイントをわかっていただくために、マンガを活用しています。

不安が安心に変わる。そんな思いでこの本を書きました。本書が女性の方々のお守りがわりになればうれしく思います。

著者

●目次

第2章　これだけは知っておきたい遺言の基礎知識

第3章　遺言書の基本的な書き方

装丁　折原カズヒロ
カバーイラスト　橋倉洋一
マンガ制作協力　株式会社コミアル
本文組版　横内俊彦

序章

遺言書を書く、書いてもらう理由

こんにちはー
いらっしゃい
よく来てくれたわね
お久しぶりー
……
どうしたの
元気ないんじゃない？
実はね
旦那が入院しちゃって
ええっ
…しかも
もう
余命が長くない
らしいの

私
どうしたら
いいか……
そうだったの
それはお気の毒に
それに私達には
子供がいないから
……相続とかで
もめそうな気も
するのよね
……
！
ちょっと
待って
どうしたの？
あったわ
司法書士法人 JLO
Japan Legal Office
この司法書士さん
評判いいみたいだから
相談してみたら？
まあ
そうなの？
司法書士法人 JLO

あのー……
はい！いらっしゃいませ
実は相談に乗っていただきたいのですが…
にこ
にこ
では中へどうぞ
ホッ
何だか親切そうで安心だわ
なるほどご主人が入院されて余命いくばくも……と
ええそうなんです
それと私達には子供がいなくて
そうですか大変ですね
それならすぐにでも遺言書を作成することをお勧めしますよ

えっ
遺言書？
主人はいま病気と
戦ってるのですよ
一生懸命生きようと
している人に
遺言書を書いてとは
言いにくいわ
お気持ちは
とてもよく
分かります
しかしこれは
後に残される
奥様の為ですので ご主人は必ず
理解して下さるのでは
ないでしょうか
ぎゅっ……
………そうね

うーんでも公証人が来てくれるかしら
緊急のことだしどうかなぁ
遺言書を作るのってそんなに大変なのでしょうか?
少々お待ちいただけますか?
はあ……
こんな時には所長に訊くのがイチバン!
司法書士歴30年で経験豊富
きっといいアイデアがあるはず!
トゥルルルル…
トゥルルルル…
もしもし
RRRR
あっもしもし所長ですか?
実はかくかくしかじかで……

…ふむふむ なるほど
わかりました！
すぐに帰りますから お待ちいただいて 下さい
はじめまして 所長の川村です
はじめまして よろしくお願い致します
では 詳しいお話を 聞かせて下さい
はい 実は主人が入院して おりまして
余命が短いと お医者様から 言われております
なるほど… それはお気の毒に

私達には子供はおりませんし遺言書もないので……
それでご相談に参りました
わかりました
ではまず担当のお医者さんに連絡を取って下さい
そして明日の何時に立会いができるか確認して下さい
その時間に私どももお伺い致します
は、はいわかりました
それと できれば看護師さんも同席して下さいますようお願いしてください
はいすぐに連絡をしてみます

ところで
ご主人は認知症などにはなっておられませんか？
はい
それは大丈夫です
ああ良かった
認知症の方が遺言書を作成される場合は
本人の真意に基づかないものや
判断能力を争われたりすることもありますから
場合によっては遺言書自体が無効になってしまうこともありますからね
NO!!
遺言書
主人は大丈夫です
いま主人を担当されているのは脳外科医の先生ですし

・遺言書は元気なうちに作成しておきましょう。
・何かあってからでは遅い場合がほとんどです。

数時間後
RRRRR
はい
司法書士事務…
あ、奥さん！
所長！
お電話です
明日の10時に
病院にお願いします
病室は○○号室です
はい
わかりました
病院に
お伺いしますよ
それでは
ところでみなさんは
危急時遺言
をご存知ですか？

翌日
こんにちは司法書士の川村でございます
いまから遺言書を作成して頂きたいとのことですがよろしいでしょうか？
はいよろしくお願いいたします
こちらこそよろしくお願いいたします
お元気そうですね
はい大丈夫ですよ
ではまず奥さん
はい
奥さんは利害関係人になりますので同席できません

あとでお呼びしますので待合室でお待ち下さい
はい
では、立会人として事務員の田中君
はい
そして、お医者さん
はい
よろしくお願いいたします
お願いします
ではまずご主人にお尋ねします

ご主人は
いま不動産を
お持ちですが
もし万一のことが
あった場合
どうされたいですか？
はい
不動産は
妻に全て
相続させたいです
わかりました
では次に
預貯金については
どうしますか？
預貯金、
株や債権一切も
妻に相続させたいです
わかりました
では、葬儀の執行は
どうされますか？
あと
負債があった場合は
どうされますか？
すべて妻に
やって欲しいです

負債はないと思いますが何もかも妻に引き継いで欲しいです
わかりました
ご主人は遺言執行者というのをご存知ですか？
いいえ
遺言執行者とは遺言を遺言どおりに行う人のことです
それを決めておくことも出来ますがどうなさいますか？
不動産
預貯金や株など
なるほど
遺言執行者
では、それも妻にお願いします
わかりましたそれでは
いまご主人がおっしゃったことを文章にいたします
読み聞かせ致しますので間違っていたら言って下さい

注)お医者さんが立会はしたけれど
戸籍謄本までは出せないと
おっしゃった場合には、
証人になってくれる人をもう一人選んで
下さい。その時にもお医者さんからは
立ち合った証明として
署名だけでももらっておくほうが良いでしょう。
危急時遺言の場合には、証人は、3名必要です。

注)利害関係人は証人にはなれません。

遺言を残す方が認知症などであると困りますが
そういう疑いはありませんか？
ありません
では、それについて診断書の作成をお願いします
わかりました
次に田中君ここに署名と押印をお願いします
はい
これで私も安心だ……

注)民法983条より 危急時遺言は六ヶ月以上生存された場合、その遺言は無効になります。

後日
家裁から
呼び出しがあり
奥さんと
裁判官の面接が
「決定」しました
RRRR
はい
川村司法書士…
あっ奥さん！
どうも
ご無沙汰しております
先日は主人が
お世話になりました
いえいえ
こちらこそ
今日は
いかがなされ
ましたか？

実は主人が
〇月〇日に
亡くなりまして…
そうですか
ご愁傷様です
では検認の手続きを
取りますね
お願いします
もし遺言書を
作成していなければ
何を勝手に
進めているんだ？
主人の兄
私たちの
同意が
必要なはずよ
主人の弟
主人の妹
兄弟姉妹の
合意が必要です

今回は
遺言書を
作成していたので
遺言書の検認後
全て奥さん1人で
することが出来ました

1 なぜ遺言書を書くのか、書いてもらうのか

マンガをお読みになってどのようにお感じになられたでしょうか。

遺言書というと、「ウチには大した資産なんてないし、兄弟姉妹の関係も良好だから、関係ない」とか、「両親もまだまだ元気だし、夫も健康だからまだ早い」と思っていないでしょうか。あるいは万が一を考えてその必要性は感じていても、「まだ元気なのに親や夫に遺言書を書いてほしいだなんて、自分からは言い出しにくい」とは思っていませんか。

確かに平均年齢が80歳を超える高齢化が進んでいる現代、自分の親や夫の死がまだ遠い先のことと思っている人は多いでしょう。しかし、これは逆に言うと、自分や夫が病気や事故で親より先に死ぬこともありうることを示しています。

そして、相続とは生きているかぎり、誰にも必ずおこりうる出来事であり、残念ながら相続上のトラブルの結果、それまで良好だった親子関係や兄弟姉妹関係にひびが入ることも珍しくありません。

実際、遺言書がなかったために起こる相続トラブルが急増しています。特に女性の場合、平均寿命からみて夫に先立たれる可能性が高いにもかかわらず、相続や遺言に関して無頓着だったり、関心を持たない方が多い傾向にあります。そして、いざというときに備えて遺言書を書いてもらわなかったために、夫の親や子供との「争続」にまきこまれて精神的な苦痛を受けたり、そもそも夫の財産を自分の自由にすることが困難になったりします。

また結婚しないで一生独身で生きていくことを決めた女性が、自分が亡くなった後、自分の財産は自分の決めた人にすべてあげたいと思っていても、そのことを遺言書の形で残しておかなければ、現在の法律ではそれを実現することはできません。

このように、遺言書はあなた自身が相続で大変な思いをしないために親や夫に書いてもらうものであり、またあなたの大切な人や家族が相続で苦しまないためにあなた自身が書くものでもあるのです。

ぜひ「自分には関係ない」とは思わずに、憂いのない生活を送るためにも相続や遺言に関する基礎知識を身につけてください。

2 こんなとき、遺言を用意しましょう

理由1「もしものことがあったときのために事前に準備しておきたい」

【質問】

父と母と子供の私の3人で、父の名義の土地と建物に暮らしていました。

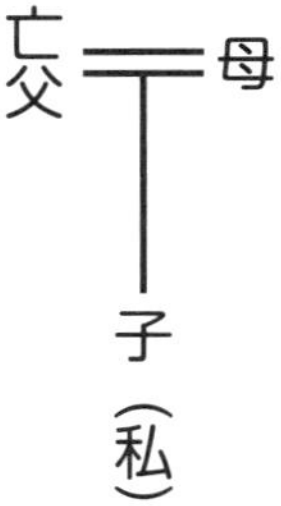

ある日、父が亡くなりました。

母は、高齢で認知症と診断されて、介護施設に入っています。

私は、大学の教授をしており、元気そのものでした。

しかし、突然、私を病が襲い、余命2カ月と宣告されました。

残された母が心配です。

親戚は遠くに住んでおり、最近20年ほど会ったことがありません。

母のことが心配だし、母より私が先に死んだ後に母が亡くなったら、私の財産は親戚のものになってしまいます。

心配でなりません。なんとか、自分の思いを誰かに託せないものでしょうか。


【答え】

安心して毎日の仕事ができて、安心して老後を迎えられるための「お守り」、それが遺言です。

お母さんよりも先にあなたが亡くなった場合、あなたの財産の相続人はお母さんになります。

ただし、お母さんが認知症と診断され、正しい判断ができない、意思能力がないと診断された場合、相続した財産の管理、介護施設への毎月の支払い、看護費用や日常の生活費の支払などについて、本人に代わって財産の管理や処分をお願いする人として、成年後見人の選任を家庭裁判所に申し立てる必要があります。

理由2「安心して老後を過ごしたい」

【質問】

今、住んでいる土地や建物は、夫の名義で所有権の登記がされています。夫が妻である私より先に死亡した場合、相続によって妻である私名義に所有権移転登記がすんなりできるのでしょうか

【答え】

すんなり登記ができるとは限りませんが、良い方法をお伝えします。

まず相続人の確定が必要になります。

子供がいない夫婦で、夫が妻よりも先に死亡すれば、相続人は妻であるあなたと夫の父母になります。夫の父母がすでに死亡していれば、原則として夫の兄弟姉妹が妻であるあなたとともに相続人になります。

したがって、妻だけに財産を相続させたいとか、妻には必ずこれだけは相続させたいという財産があれば、元気なうちに夫に遺言書を作成してもらう必要があります。

愛情を文字に表したものが遺言です。

遺言は相手方のない一方的かつ単独の意思表示だからこそ、愛情を文字にして表現してはいかがでしょうか。

理由3「再婚同士の夫婦で起こる相続トラブル」

夫ゆきおさんと妻さゆりさんは再婚者どうしです。ともに前の配偶者との間に子供をもうけた後に死別しています。

さゆりさんには、長男Ａと長女Ｂの二人の子どもがいます。

一方、ゆきおさんにも、長女Ｃと二女Ｄの二人の子どもがいます。

さゆりさんは、現夫であるゆきおさんの子であるCとDとの間に、養子縁組をしていません。すなわち、CとDとはさゆりさんの相続人ではありません。

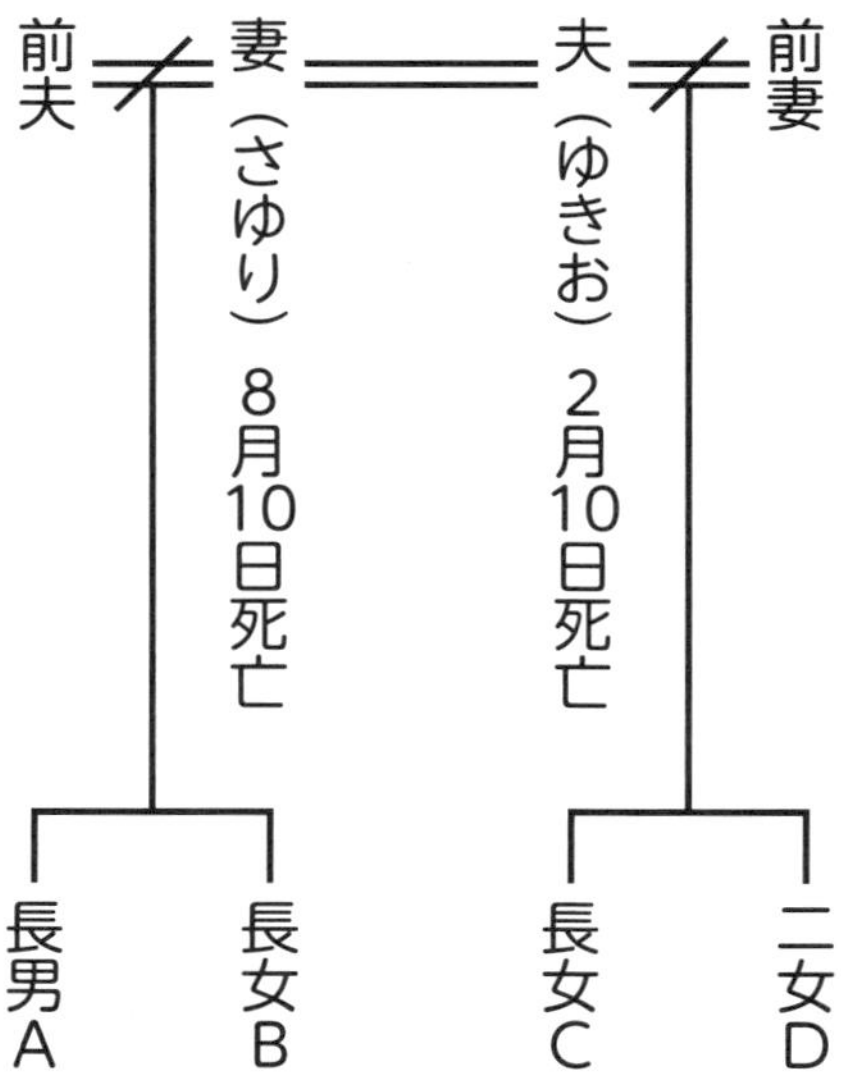

2月10日に夫ゆきおさんが亡くなりました。ゆきおさんの相続人は、妻であるさゆりさんとゆきおさんの子であるCとDです。

ここからが重要です。

さゆりさんは、ゆきおさんと居住しているマンションを相続しました。CもDもさゆりさんがすでに居住しているので、所有者をさゆりさんの名義にしました。Dは、さゆりさんが相続したマンションにさゆりさんと同居しています。

その後、翌年8月10日にさゆりさんが亡くなりました。

さゆりさんの相続人は、長男Aと長女Bです。Aがさゆりさんの居住していたマンションを相続しました。Dは、Aからさゆりさんと同居していたマンションから出て行くように言われました。

マンションは、ゆきおさんから2月10日にさゆりさんに相続されて、翌年8月10日にAに相続されて所有権が移りました。現在の所有者はAです。

Dは、このマンションを賃借して、そのまま居住させてもらえるようにAと交渉をしましたが、出て行ってくださいと言われ、AにマンションをDに売却してくれるように交渉することが必要になりました。

Aにしてみれば、母親であるさゆりさんが残してくれた財産なので、自分が居住したいと思っているのです。

Dは思いました。

「お父さん（ゆきおさん）が『二女Dにマンションを相続させる』という遺言を作成しておいてくれれば良かったのに……」、あるいは「お父さん（ゆきおさん）が死んで、マンションをお母さん（さゆりさん）が相続するとき、お母さん名義にしなければ良かったのに……」、あるいは「お母さん（さゆりさん）は義理の母だったけれども、本当の母親のように思っていたのに、どうして『二女Dにマンションを遺贈する』という遺言を残してくれなかったの……」

さまざまな思いがDに駆け巡ります。

DとAは、今後も話し合いを続けて、解決方法を探ることになるでしょう。

このような事態にならないためにも、あなたやあなたの夫が再婚者である場合には、元気なうちにお互いの財産をどうすればよいのかを話し合って、遺言書を作成し、それぞれの子供に伝えておくことが必要でしょう。

残された者同士で争うことのないように遺言書を作成しましょう。

「遺言は、愛情表現のひとつです」。

3　元気なときこそ遺言書を書いてもらう理由

1　自分の思いどおりに書ける

親が弱って長男の妻に面倒をかける毎日だったらどうでしょうか？

「長男や長男の妻にすまないなあ。いつも面倒をかけているから、長男には二男よりも少し多く財産をあげよう」

また、子供がいるけれども、最近は自分のところを訪ねてはくれないし、ヘルパーさんに任せっきりで、まったく顔を見たこともない。だから、子供には財産を相続させたくない。

だんだんと体が弱れば弱るほど、身近な人に感謝をして、身近な人に自分の財産を譲りたいと思ってしまいます。実際、毎日来てくれる介護のヘルパーさんに少し財産をあげたいと思い、遺言の作成を依頼した方がいました。近所の奥さんが毎日ご飯を届けてくれるので、その奥さんに財産をあげたいと言う人もいました。

元気なうちは冷静に将来のことも考えて判断して、遺言の作成ができます。だから、遺言書は元気なうちに作成しましょう。

そして、気が変わったら、また何度も何度も作成することができます。一番新しい遺言書が有効となります。

ただし、遺言書のある場所は必ず誰かに伝えておきましょう。誰も知らないうちに、法定相続で財産が分配されてしまったということがないようにしましょう。

もちろん、遺言書が出てくれば遺言書の内容が優先されますが、財産が分配された後に発見された場合、それを遺言書通りに分配しなおすことは大変な労力を要しますので、そうならないようにしておきましょう。

2　遺言の内容を家族などに言い含めておくことができる

なぜこの土地は長女に相続させたいのか。

残された妻の面倒を長男に見てもらいたいので、この財産を相続させたい。

この宝石はおばあさんが大事にしてきたものなので、二女に取得してもらいたい。

祖先の祭祀は、長男に引き継いでもらいたい。

墓は、できれば新しくしてほしい。

納骨は、信仰している◯◯にしてほしい……等等
食事のとき、お正月、お盆、家族旅行、孫のお宮詣り、新築祝い、誕生祝い、出産祝い、進学祝い、就職祝い、記念のお祝いなど、いろいろなチャンスがあります。

家族が集まったとき、自分の子供だけではなく、その配偶者や孫にもなぜ遺言書を書いたのか、この家の由来は……など、いろいろなことを話しておきましょう。

3　遺言書はいつでも撤回ができる

認知症や成年被後見人などになってしまえば、意思能力の問題があり、遺言の撤回ができなくなる場合があります。

元気なうちなら、前に作成した遺言を撤回して新しく遺言を作成することもできます。

4　遺言書に書いてある財産を売却してもよい

遺言書で「誰それに相続させる」と書いた財産を、生前に売却しても、贈与をしてもかまいません。

また、遺言書に書いていない別の財産を「○○に相続させる」と追加で遺言書を作成できます。

5　遺留分などの侵害があると思えば遺言書の追加変更ができる

数年前に作成した遺言の内容で「長男に相続をさせる」と書いた不動産が高騰したので、他の推定相続人の遺留分を侵害する恐れがある場合には、他の推定相続人の遺留分を侵害しないように遺言書を再度作成したり、以前作成した遺言書の内容を追加変更できます。

前の遺言が後の遺言と抵触するときは、その抵触する部分については、後の遺言で前の遺言を撤回したものとみなされます。

【コラム】遺言とそうじ

いつでもできます
心の中のそうじ
部屋のそうじ
整理箱のそうじ
目に見えるものをきれいにすればすっきりとします
心の中にたまっているものを整理整頓し、捨てるものを捨て、心の中のものを外に表現する
遺言は愛情を表現したものです
遺言を書いていたおかげでいろいろな悩みや困難を切り抜けられる
遺言のおかげです
その遺言を書くのはあなたやあなたの周りの方です
安心して暮らすために、すっきりとして、幸せをよびこむために
いつも幸せや健康が自分の中に宿ってくれていますように、この本を読んですっきりしましょう

第１章

これだけは知っておきたい
相続の基礎知識

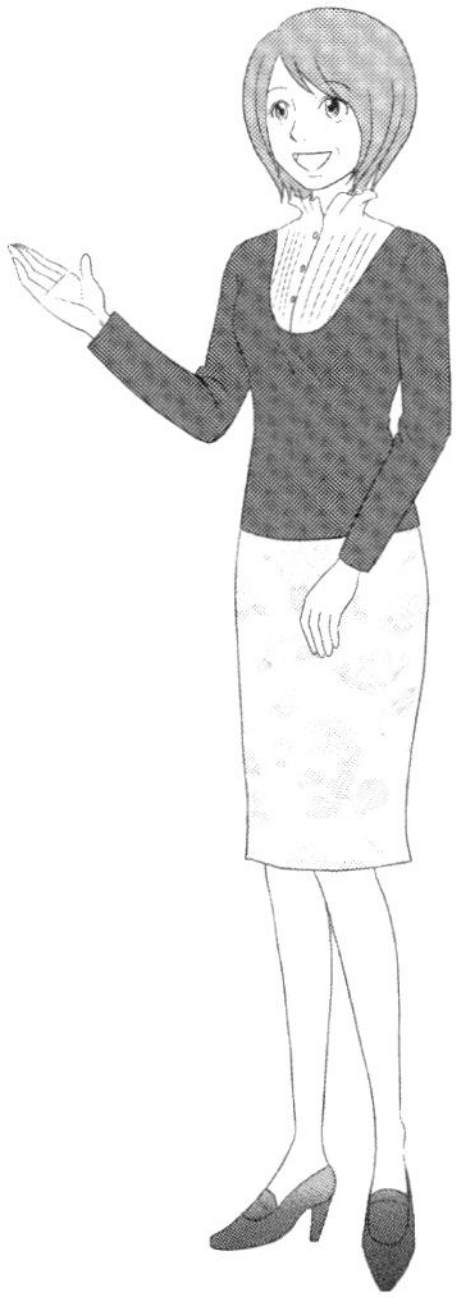

1 相続とは

1 相続人と被相続人

相続とは、特定の個人に帰属する財産をその個人が亡くなった後に、その個人と一定の関係を持つ者（配偶者、子、親族）などに移転・承継させることをいいます。

相続では、亡くなった人を「被相続人」、被相続人の財産を受け継ぐ権利を持つ人を「相続人」と呼びます。

相続における財産とは、現金や預金、土地や建物、株式、美術品などがありますが、必ずしもプラスの財産のみとはかぎりません。被相続人が残した借金や各種ローン、被相続人が他人の保証人になっていた場合の保証債務など、マイナスの財産も含まれます。マイナスの財産の相続を放棄することはできますが、その場合プラスの財産のみを相続することはできません。

2　相続の開始

相続は、被相続人が死亡した瞬間から始まります。一般的には心臓死をもって死亡とみなしますが、脳死も死亡と認められます。

ただし、被相続人が失踪などで長期（７年間）にわたって生死不明である場合、相続人が家庭裁判所に請求すれば、死亡したものとする宣告を受けることができます。

また、旅行中の航空機事故などで夫婦がともに死亡した場合など、夫と妻のどちらが先に死亡したのかの証明が不可能なときは、二人とも同時に死亡したもの（同時死亡の推定）とされますので、相続は夫と妻の間には発生せず、その子や親、兄弟に発生することになります。

2 相続人の範囲と相続順序

1 法定相続人

「法定相続人」とは、法律で定められた相続人のことで、単に「相続人」とも呼びます。法定相続人になれるのは、亡くなった本人（被相続人）の配偶者および血族相続人（子・父母・兄弟姉妹）です。配偶者は常に法定相続人となりますが、血族相続人は以下の優先順位で法定相続人になります。

第一順位　子（子が亡くなっている場合は孫、孫が亡くなっている場合は曾孫）
第二順位　父母（直系尊属）
第三順位　兄弟姉妹（兄弟姉妹が亡くなっている場合は、その子である甥姪）

図1 法定相続人の範囲と優先順位

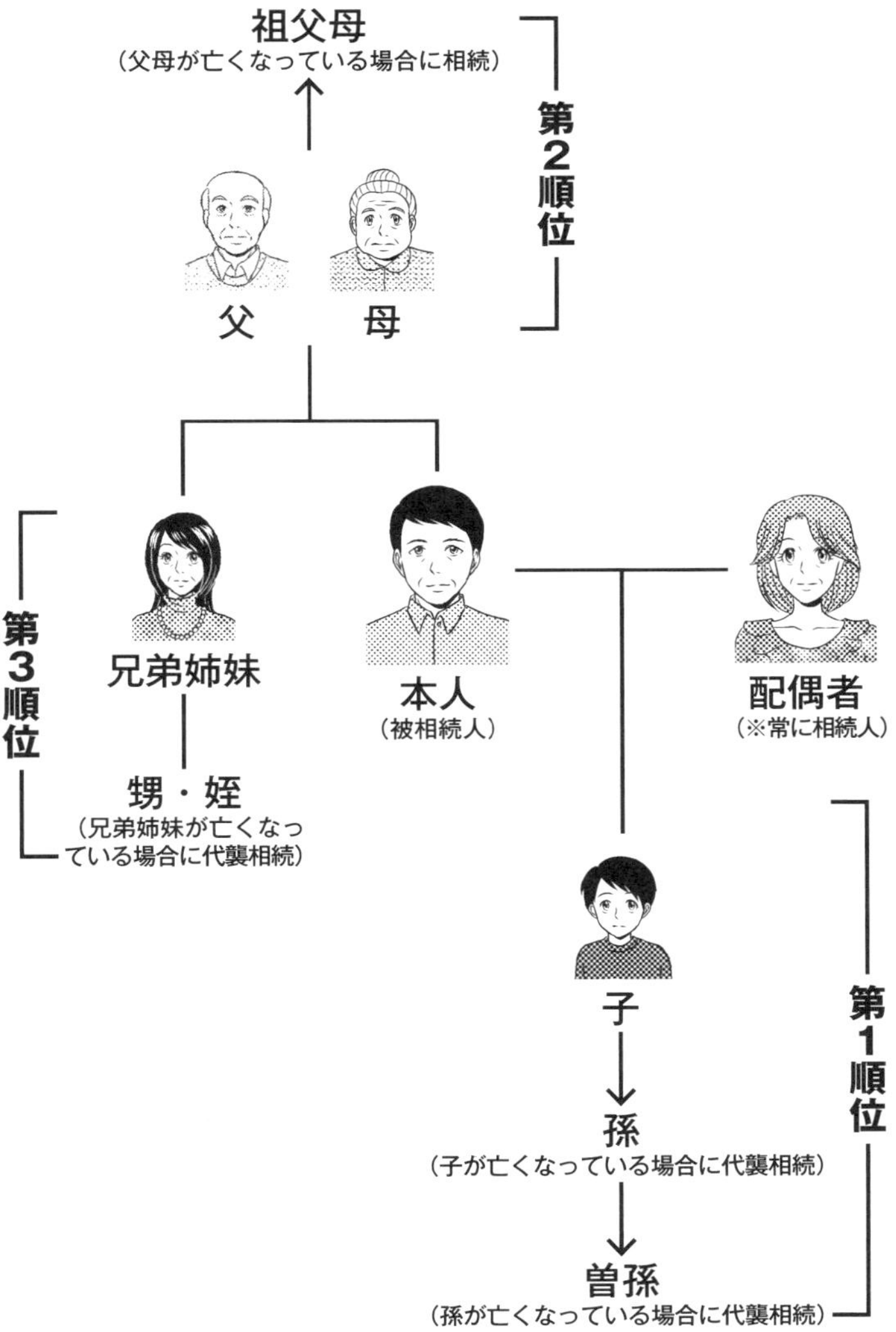

2 法定相続分

法定相続分とは、各相続人が遺産をどのくらい受け取ることができるかを定めた相続分のことですが、その割合は血族相続人の相続順序によって異なってきます。

まず配偶者の法定相続分は、子供がいない場合は全部、子供がいる場合は2分の1、子供がいなくて親が生きている場合は3分の2、子供も親もいなくて、兄弟姉妹がいる場合は4分の3、となります。

次に血族相続人の法定相続分は、前述の各ケースにおける配偶者の法定相続分を差し引いたものを人数で均等割りしたものとなります。たとえば、子供が2人いる場合は、配偶者の法定相続分2分の1を差し引いた残りの2分の1を、2人の子供がそれぞれ4分の1ずつ相続することになります。

各ケースごとの法定相続分を、次の一覧にまとめましたので、参照してください。

図２ ケースごとの法定相続人の法定相続分

配偶者	 配偶者のみ	配偶者＝全部
第１順位	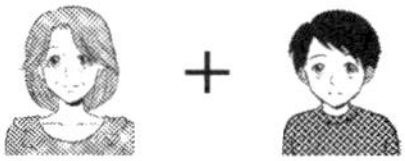 配偶者 ＋ 子（または孫）	配偶者＝２分の１ 子（または孫）＝２分の１
	 子のみ（または孫のみ）	子（または孫）＝全部
第２順位	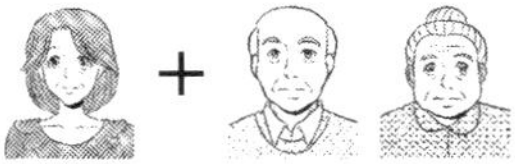 配偶者 ＋ 父母（または祖父母）	配偶者＝３分の２ 父母（または祖父母）＝３分の１
	 父母のみ（または祖父母のみ）	父母（または祖父母）＝全部
第３順位	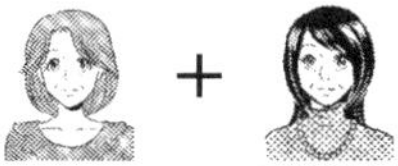 配偶者 ＋ 兄弟姉妹（または甥・姪）	配偶者＝４分の３ 兄弟姉妹（または甥・姪）＝４分の１
	 兄弟姉妹のみ（または甥・姪のみ）	兄弟姉妹＝全部

3 遺留分

遺留分とは、遺言の内容に関係なく、法定相続人が最低限主張できる相続割合です。

たとえば、父親が亡くなって、相続人が母親とその子である姉妹の2人の合計3人だけだとします。法定相続分は前記の一覧で見ると、配偶者である母親が2分の1を相続し、残りの2分の1を子である姉と妹の2人が4分の1ずつ相続することになります。

しかし、もし父親が「母親に財産のすべてを相続させる」と遺言書に書いていたら、姉と妹は本来4分の1ずつ相続できるはずの遺産を相続できなくなってしまいます。

このような場合、配偶者や子、親（直系尊属）は、法定相続分の2分の1を「遺留分」として相続することを主張できます。すなわち、本ケースでは、姉と妹はそれぞれ法定相続分として認められている4分の1の2分の1、すなわち8分の1を母親に請求できるわけです。

この遺留分は兄弟姉妹には認められません。詳しくは次ページの図を参照してください。

図3 ケースごとの法定相続人の遺留分

配偶者	 配偶者のみ	配偶者＝２分の１
第１順位	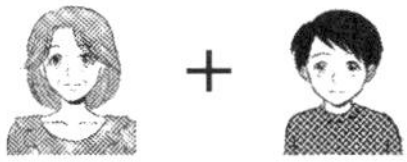 配偶者 ＋ 子（または孫）	配偶者＝４分の１ 子（または孫）＝４分の１
	 子のみ（または孫のみ）	子（または孫）＝２分の１
第２順位	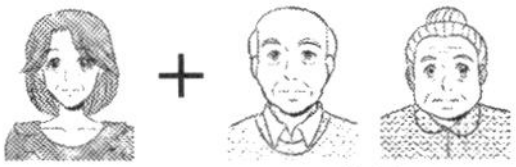 配偶者 ＋ 父母（または祖父母）	配偶者＝３分の１ 父母（または祖父母）＝６分の１
	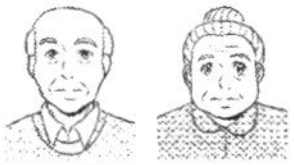 父母のみ（または祖父母のみ）	父母（または祖父母）＝３分の１
第３順位	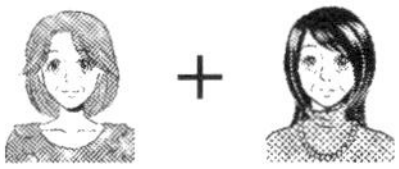 配偶者 ＋ 兄弟姉妹（または甥・姪）	配偶者＝２分の１ 兄弟姉妹（または甥・姪）＝なし
	 兄弟姉妹のみ（または甥・姪のみ）	兄弟姉妹＝なし

4 代襲相続

相続が発生した時点で、相続人がすでに亡くなっている場合、その相続人の子供が代わりに相続人となります。たとえば、故人（被相続人の子）がすでに亡くなっている場合、その子供（故人からみて孫）が相続人となります。これを代襲相続といい、その場合の相続人を代襲相続人といいます。また、その孫もすでに亡くなっているが曾孫がいる場合は、その曾孫が代襲相続人となります（再代襲）。

第一順位に代襲相続人がいる場合、第二順位の直系尊属や第三順位の兄弟姉妹に相続権は移りません。第一順位に代襲相続人がいない場合は、第二位順位の直系尊属人に相続権が移ります。第一順位に代襲相続人がいなくて、第二位順位の直系尊属もすでに亡くなっている場合、第三順位の兄弟姉妹に相続権が移りますが、この兄弟姉妹もすでに亡くなっている場合は、その子供（故人からみて甥や姪）が代襲相続人となります。ただし、兄弟姉妹の子供による代襲相続は一代限りで、兄弟姉妹の孫は代襲相続人になることはできません。これは被相続人である故人にとってあまりにも血縁が薄い者に相続権を移らせるのは妥当ではないという考え方によるものです。なお、代襲相続人の法定相続分は代襲する相続順位に認められている相続分と同じです。

5 遺贈

遺贈とは、亡くなってから被相続人の財産を遺言によって、法定相続人以外のお世話になった人や知人、友人などに贈与することです。

「財産全てを遺贈する」という遺言内容ですと、包括遺贈になります。特定の財産のみを譲り渡す特定遺贈であれば、いつでも遺贈の放棄ができるのですが、包括遺贈は、「相続人と同一の権利義務を有する」ことになり、民法９１５条、９３８条の規定に基づき基本的に、３ヶ月以内に家庭裁判所に遺贈の放棄の申述をする必要があります。

このように、包括遺贈と特定遺贈とで民法上の違いがあるというポイントをご理解しておいてください。

包括遺贈の場合には、被相続人に債務があれば当然に承継されますので、相続する場合には財産調査をして、遺贈を受けるべきかどうかの検討が必要です。

6 相続後の諸手続

ここで戸籍法のお話を少しいたします。

戸籍法第86条には、次のようなことが規定されています。

「死亡の届け出は、届出義務者が、死亡の事実を知った日から7日以内に（国外で死亡があったときは、その事実を知った日から3箇月以内）に、これをしなければならない」

「届書には、死亡の年月日時分及び場所などを記載した、診断書又は検案書を添付しなければならない」

「やむを得ない事由によって診断書又は検案書を得ることができない場合は、死亡の事実を証すべき書面を以てこれに代えることができる。この場合には、届書に診断書又は検案書（ご注意参照）を得ることができない事由を記載しなければならない」

そして、死亡の届けをすることは、誰でもできるのではなく、決められた人だけになります。戸籍法第87条の規定では、以下のようになっています。

①同居の親族
②その他の同居者（内縁の妻など）
③家主、地主又は家屋若しくは土地の管理人
④同居の親族以外の親族、後見人、保佐人、補助人及び任意後見人

【注意】診断書または検案書は、後で保険金の請求などをする際に必ず必要になります。原本を保管することが一番いいのですが、死亡の届出の際に添付しなければならないので、ほとんどの場合は再発行をしてもらうか、コピーを残しておく必要があります。コピーは多めに3枚から5枚はとっておいてください。

1　役所への届け

年金課へ行ってどんな手続きをすればよいのか相談してください。
要介護など介護保険証をお持ちでしたら、各役所の介護保険の窓口に行ってください。

2　相続人の確定

被相続人の出生から死亡されるまでの連続した戸籍謄本・除籍謄本・改製原戸籍などを集めて、相続人が誰なのかを確定します。相続人の戸籍謄本・除籍謄本なども必要になります。

3　自筆証書遺言書や秘密証書遺言書があれば検認の申し立て

被相続人の住所地の家庭裁判所に申し立てをします。

申立人・相続人の戸籍謄本　1通
遺言者の出生から死亡までの連続した戸籍謄本・除籍謄本・改製原戸籍

申し立ての趣旨：遺言書の検認を求める
申し立ての実情：

①申立人が平成○年○月○日に遺言者から自宅で受け取った。
②遺言者の死亡後、申し立て人が遺品を整理していて発見した。
等を書いて申し立てをします。

自筆遺言書の原本を呼び出し日に持参します。裁判官の審尋後、問題がなければ、検認の審判が下ります。

4 資産の調査

不動産をお持ちの方は、毎年4月か5月ごろに固定資産税の通知書が役所から郵送されます。その通知書を確認して、役所の固定資産税課にて、固定資産評価証明書の交付をしてください。不動産の特定をします。

銀行などに預貯金がある場合は、相続税の申告のために、死亡日現在の残高証明書をもらうこともあります。

権利証はなくても心配はいりません。

たまに、特殊なケースで、本人の名前が一部間違って登記されていたり、住所が古い住所で死亡時の住所とつながらない場合には、所有権を証明するために登記時に権利証の写しの添付を求められる場合がありますが、通常は紛失していても大丈夫です。

現在は、登記識別情報通知といいます。被相続人、すなわち亡くなられた方の名義であれば、亡くなられた方から相続をされた方の名義に登記簿が変更されます。その時に、その登記をされた相続人名義の登記識別情報通知が発行されますので、古い権利証（登記識別情報通知）は、不要になります。

【注意】登記識別情報通知とは何ですか？

登記名義人自らが当該登記の名義人であることを識別できる情報であり、オンライン申請化になる前の改正前の不動産登記法では、登記済権利証などと称していました。

5　遺産分割協議

相続人全員で、被相続人の財産について、相続人の誰が何を相続するのかを決めて、その結果を書類にします。

遺産分割協議書（例）

平成○年○月○日、本籍◎◎◎◎の亡△△△が死亡したことに伴い各相続人は左記の通り遺産分割協議をした。これを証するため各相続人は、左記に署名捺印する。

1、相続財産中左記の不動産は、相続人△△□□が（取得）相続する。

不動産の表示

◎◎市□□丁目◇◇番　宅地　100㎡10

2、相続財産中次の預貯金は△△◇◇が（取得）相続する。

▽▽銀行□◇支店

金○○○万円

３、相続財産中、葬式費用その他の債務は△△◇◇が負担する。

以上の通り協議が成立したので各相続人は左記に署名捺印する。

平成○年○月○日

住所

相続人　　　　　　　　　　　　印

住所

相続人　　　　　　　　　　　　印

相続人本人が署名をして実印を押印します。実印は鮮明に押印してください。万一不鮮明なときは、押印した印鑑と重ならないように再度押印してください。

また、必ず印鑑証明書1通を添付してください。登記には添付する印鑑証明書の有効期限はありません。ただし、金融機関や投資信託の名義変更や解約の場合は有効期限が３カ月以内など各関係機関によって有効期限がありますので、提出される関係各所にて確認をしてください。

遺産分割協議書を作成したら、各相続人に署名捺印をもらいます。

この各相続人に署名捺印をもらうのが大変です。

簡単に押印してもらえるほど相続人との人間関係がうまくいっている場合はよいでしょう。しかし、うまくいっていなかったら、たとえば、遺言により後継ぎである長男に半分、妻であるお母さんが残り半分の相続をされる場合、相続しない兄弟姉妹が他にいたら、署名と実印の押印をスムーズにもらえるでしょうか。気を遣ったり、本当にすんなりと押印してくれるのかどうか、いろいろなことが考えられます。

したがって、普段から兄弟姉妹仲良くしておくことが大切です。

6　相続放棄・限定承認

相続放棄とは、相続を放棄すれば、初めから相続人とならなかったものとみなされることです。したがって、被相続人に債務が多くあり、相続すれば多額の借入金を相続人が負担しなければならない場合などには、相続放棄をしたほうが良い場合があります。

相続放棄は、相続の開始があったことを知ったときから3カ月以内に、家庭裁判所に申述をしなければなりません。

■「相続放棄・限定承認」の申述書の添付書類

・収入印紙　金額は裁判所に問い合わせてください。
・郵便切手　金額は裁判所に問い合わせてください。
・申述人の戸籍謄本　1通
・被相続人の戸籍謄本　1通
・場合によっては、被相続人の出生から死亡までの戸籍（除籍・改正原戸籍）すべて
など

申述人とは、相続放棄をしようとする人のことです。
申述書の提出先は、被相続人の住所地を管轄する家庭裁判所です。
相続の開始を知った日とは、以下のとおりです。

①被相続人の死亡の日
②死亡の通知を受けた日
③先順位の相続人が相続放棄をしたのでそれを知った日
④その他、大きな債務があることが後日判明してその通知を受けた日など

■相続放棄の理由

①被相続人から生前に贈与を受けており、相続する必要がない（たとえば、兄弟姉妹の4人のうち、姉が相続放棄をすれば、姉の相続分は他の3人の相続人に帰属するので、3人の相続分が増えることになります）。
②生活が安定しているので、相続する必要がない。
③遺産が少ない。
④遺産を分散させたくない（家を引き継ぐ、たとえば長男などにすべての相続財産を相続させたい場合など）
⑤債務超過のため（被相続人の借金が多くあり、借金だけを相続しなければならない場合など）

⑥その他、債務超過のおそれがある。かかわりをもちたくないなど（被相続人の妻や子供が相続人だったが、全員相続放棄をしてしまったので、被相続人の兄が相続人になった場合に、兄は、被相続人の借入がいくらあるかわからないし、あまりかかわりを持ちたくないと判断したときなど）。

等の場合に相続放棄の申し立てを家庭裁判所に行います。

相続財産の概略は、申述書に記載しますが、不明であれば不明と記載してください。

■限定承認とは

前述の相続放棄の場合は、被相続人の相続分すべてを放棄し、初めから相続人とならなかったものとみなされますが、限定承認は、相続人が相続によって得た限度においてのみ被相続人の債務などを弁済します。

相続した財産を超える場合には、相続財産を限度として相続の承認をします。

したがって、被相続人は、借入金などが多いものの、不動産等を売却すれば借入金が返済できるかもしれないし、財産を残すことができるかもしれない、もしも借入金のほうが、相続財産よりも多い場合は、相続財産の範囲内で借入金の返済をします。少ない場合は、残りを相続します。

【注意】相続人が複数いる場合は、限定承認は、共同相続人の全員が共同して行わなければなりません。

7 銀行の手続き

預貯金の解約は、遺言書に遺言執行者が指定されていたら遺言執行者だけで解約ができる場合が多いです。

しかし、遺言書に遺言執行者が指定されていなければ、以下のものが必要となります。

・死亡事項が記載された戸籍謄本や除籍謄本
・住民票の除票
・相続人全員の戸籍謄本
・相続人全員の印鑑証明書
・遺産分割協議書

・被相続人の14歳ごろから死亡されるまでのつながりのつく戸籍や除籍、改正原戸籍など

決められた用紙に相続人全員が署名して、実印を押印する必要のある金融機関もあります。それぞれ少しずつ取り扱いが異なるので、各金融機関にご確認ください。窓口は、「死亡に伴って手続きをしたいのですが」といえば、案内をしてくれます。

★ワンポイントアドバイス★銀行の夫名義の預金は死亡すれば引き出せなくなる

銀行は、死亡の通知を受ければ、相続人からの預金の解約の申出書の提出を受けて解約に応じてくれます。

解約するには、相続人の戸籍謄本や印鑑証明書、亡くなった夫の除籍謄本などが必要になります。

子供がいない夫婦の場合、夫が亡くなり、他に相続人がいれば、その方々の印鑑証明書や実印が必要になります。

ただし、妻に相続させる旨の遺言者がある場合や、相続人全員で遺産分割協議が成立し、妻に相続させることに合意していれば、妻の単独名義にできます。

※こんなことにならないように！

銀行の窓口に行きました。

私は「夫が死亡しました」と言いました。

窓口の女性は、「あっ、そうですか」「お名前は？」「生年月日は？」「ご住所は？」「いつお亡くなりになられましたか？」と尋ねます。

私は、「主人の名前は、◎◎△△です」「住所は○○○市○○○です」と答え、「ここに戸籍謄本があります」と見せました。

窓口の女性は、黙って、パソコンの画面で調べました。

「ああ、◎◎△△さんですね」「今日は通帳か何かお持ちですか？」

私は「はい、これです」と通帳を出しました。

窓口の女性は、次のように言いました。

「普通預金と貯蓄預金とそれに定期預金がありますね」「死亡をお聞きした限り、この口座はストップされます」

私は「まだそれ以外に投資信託が……」「普通預金にまだこれからいろいろと振り込ま

れるものがあり、それと、電気代やガス代や水道料金もこの口座から引き落とされます。このまま口座を使えるようにしておいてください」とお願いしました。

窓口の女性は、「死亡をお聞きした限り、申し訳ないのですが、この通帳の口座からは、預金の出し入れができなくなります」と再び言いました。

私は、「えー、お願いですから後しばらくこのままにしておいてください」「まだ、振込もあるし、それにＮＴＴやクレジット、ＮＨＫの受信料の引き落としなどいろいろとあるんです。このままにしておいていただかないと困ります」と必死に訴えました。

しかし、窓口の女性は、「お客様のご都合はわかりますがお聞きしてしまった以上はどうしようもないので」と言うばかりです。

私は、「どうすればいいの？」と途方に暮れてしまいました。

窓口の女性は「お客様名義の通帳から引き落としがされるように、電気やガス会社などに相続により名義人が変更になった旨の手続きをしてください」「用紙はこれです」とだけ教えてくれました。

私は困ってしまいました。こんな大変なことになるなんて。

くれぐれも、都市銀行やゆうちょ銀行には、ある程度ご相続される方の銀行口座など「どこで何を」引き落としていただくのか、どこに手続きをすればよいのか、どんな請求書が郵送されているのか、払い込み通知書はどこからきているのか、自動引き落とし先でわからない先がないのか、毎月振り込まれているが連絡先のわからない先や金額がないのか、それぞれを十分に整理しておきましょう。

【注意】
法定相続の場合は、被相続人の死亡によりすべての相続人に権利義務が相続されます。相続人が2人いれば2人の同意がいりますし、5人ならば5人の同意がいることになります。このように手間や時間がかかるので、遺言書を作成し、遺言執行者を選任しておけば、スムーズな手続きを行うことができる場合が多いのです。

8 生命保険会社への連絡

どんな病気で亡くなったのか、死亡の原因を確認するための添付書類として死亡診断書が必要です。戸籍謄本の原本や住民票の除票の原本が必要と言われることもあります。

〔注意〕
コピーではなく原本を要求される場合がありますので、あらかじめ戸籍謄本や印鑑証明書などは余分に取り寄せておきましょう。

9　不動産登記

司法書士事務所にて、相続の登記申請の依頼をしてください。
必要書類は、以下のとおりです。

・亡くなられた方の14歳ごろから死亡されるまでのつながりのつく戸籍謄本や除籍謄本及び改正原戸籍
・住民票の除票
・相続人全員の戸籍謄本
・相続人全員の印鑑証明書
・遺産分割協議書

・相続人の住民票など
・固定資産評価証明書
・公正証書遺言書があれば、公正証書遺言書の正本若しくは謄本
・死亡事項の記載された戸籍、又は除籍謄本
・受遺者の住民票
・受遺者の印鑑
※自筆証書遺言や秘密証書遺言であれば、家庭裁判所で検認を受けることが必要です。その他の添付書類は、公正証書遺言と同じです。

【司法書士事務所を訪問したときに行うこと】
①司法書士事務所を訪問します。
②司法書士と面談をします。
③亡くなった方の相続人の確認をします。
④戸籍謄本など持参された書類から相続人の確定をします。
⑤相続関係説明図を作成します。

注意：相続関係説明図とは、相続人が誰なのかを図にしたものです。被相続人と相続人の本籍や住所や生年月日、死亡年月日を書きます。

⑥相続人が他にいないことについて、持参した戸籍等で不足があれば、その他の戸籍謄本などの相続書類を集めます。

⑦依頼者が多忙な場合や手続が複雑でわかりにくい場合は、司法書士は各市町村長に戸籍謄本や除籍謄本などの戸籍を集めるために依頼者から委任状をもらいます。

⑧委任に基づいて、戸籍の請求を各市町村にします。

⑨依頼者が持参している戸籍等と合わせて、不足の書類がすべてそろったら、相続人が確定できます。

⑩正式な相続関係説明図を作成します。

⑪不動産を所有していたら、オンラインで不動産登記事項要約書の請求を行います。

⑫所有している不動産の確定をします

⑬抵当権の設定登記がされていたり、担保などがあれば、債権者である銀行などへの連絡をします。

⑭抵当権の抹消ができるようであれば、抵当権の抹消に関する書類を銀行など金融機関か

ら受領していもらいます。

注意：銀行により支店の窓口ではなく本部への連絡等で手続きが複雑だったり期間を要したりします。わからない場合は、司法書士にお尋ねください。

⑮相続人全員から遺産についてどうするのかの考えを聞いて、遺産分割協議書を作成します。

注意：遺産分割協議書とは、相続人全員で、被相続人の財産について、相続人のだれが何を相続するのかを決めた結果を書類にしたものです。

⑯以上の書類がそろいましたら登記申請になります。

⑰登記申請は、オンライン申請ができる法務局であれば、全国どこでも申請ができます。必要な登記添付書類は郵送するので、交通費がかかりません。安全のために書留で郵送します。郵送費のみで、北は北海道から南は沖縄まで登記申請ができます。全国どこに不動産があっても登記が可能です。

⑱登記が完了すれば法務局から登記識別情報通知が送られてきます。

⑲登記事項証明書の申請をします。

⑳依頼者に郵送もしくは来所してもらい完了です。

10　諸届け

・クレジットカード会社に死亡の通知、解約手続き
・会員になっているところの脱退（たとえば「宝塚歌劇」など）
・学校や趣味の会などへの連絡
・雑誌などの定期購読の解約
・車の名義変更
・ゴルフ会員権の名義変更
・株式の口座の名義変更
・保険の解約や名義変更
・相続税の申告

7 相続で争わないために

「家を相続するから争いがない、個を相続するから争う」

○○家の財産を長男が引き継ぎ、さらに次の時代に財産を残そうと思って相続しましたか？

私たちは、一人では生きていけません。

いろいろな環境の中で生まれ育った自分は、幸福だと感じていますか、いやそうではないと感じていますか、すべては、あなたの心の中にあります。

こんなことがありました、

お母様はご高齢で介護施設に入居されていました。お母様の相続人は娘さんだけです。娘さんはキャリアウーマンで、元気に働いていました。しかし、あるとき病気が発覚し、余命はわずか2カ月でした。娘さんが亡くなった後宝石類などの財産は相続人であるお母様のものとなりましたが、すでに認知症にかかり、高齢で外に出歩くこともできないお母様は、その宝石にどのような値打ちがあろうと、関心がありません。結局、そのままです。人間は、生きていますから「欲」があります。しかし、生きていても、関心のないものには、魅力を感じません。

お母様は、宝石よりも食べ物のほうに関心があります。この宝石は、娘さんが生きている間は、大変価値のあるものでしたが、お母様にとっては、どうでもいいものです。

人間、生きている間に何を残すのか、その人が亡くなった後に残したものはお金なのか、不動産なのか、名を残すのか。

では、お嬢様の個人のものと考えずに、○○家の財産として残してくれたので、先祖代々引き継いでいこう。

それを引き継ぐのは、○○家を引き継いでもらう人にお願いしよう。

○○家に残してくれた財産だからと考えたらどうでしょうか。

たとえば、兄弟姉妹の中で長男が引き継いだとしましょう。

その長男は、○○家を守るために贅沢せず、必死に不動産を減らさないようにと守ってきました。あるとき、その長男は亡くなってしまいました。この長男の思いは、どうなるでしょうか？

だからこそ、「自分という個ではなく、○○家を引き継ぐ」という思いが大切です。

では、どうするのか？

毎月一回、長男、二男、長女、二女を集めて、食事会をしているという社長がいます。すごいのは、その食事会に孫も同席させるということです。孫たちにおじいちゃんの話を聞かせるのです。○○家は先祖代々こういう思いで事業をやってきたこと、こんな苦労があったこと、事業継続の大変なこと、跡取りとして事業を引き継ぐことの大変さ、○○家の歴史、曾祖父はこんな人だった、創業のときにはこんな思いで会社を設立した、事業を始めたときはこのような思いで始めた、農業はこういうものだ、あそこの土地はこんな歴史があって今も守られて○○家の財産になっている、この土地は必ずどんなことがあっても手放さずに守って欲しい、この家にはこんな歴史がある、この建物を建築したときには祖父はこんな思いで建てた、長男が生まれたときはこんな様子だった、などなど。

会社であれば理念、家庭であれば家訓等、次世代に伝えるべきことは、次世代だけでなく次の代にも両方に伝えておく、それも家族みんなの前で伝えておくことが大切です。

現実には、家族一同を集めるのはなかなか大変でしょうが、相続がスムーズに行えるのも、家族間のコミュニケーション、人と人とのつながりです。

とかく今は、メールで済ましてしまう傾向が多い中で、人と人とが触れ合いながら言葉を交わすことが誤解なく、家族そして、相続が円満に進む方法だと思います
一度やってみてください。新たな発見があるでしょう。
人は、温かいものです。愛情は、あったかーいものです

★ワンポイント★「相続対策で養子縁組をしたら」
相続対策として、長男の息子を養子にすることはよくあることですが、未成年の養子の場合は、養親が亡くなったときに未成年後見人を選任する必要があります。未成年後見人とは、親権を行う者がいない場合に選任されます。

たとえば、祖父と祖母の養子になった長男の孫A子は、祖父と祖母の養子になったときに、親権が長男夫婦から祖父と祖母に移ります。祖父と祖母が亡くなったときには、長男夫婦はもはや親権者ではありませんから、親権がいないことになります。

そこで、A子の親権を行う者として未成年後見人を選任する必要があるのです。

たとえば、祖母が祖父よりも先に亡くなりました。

祖父がその後亡くなりました。

祖父の相続をします。

その時の相続人は、長男と長女と未成年者A子の三人が相続人になります。

A子は、未成年者ですから、相続に際して遺産分割協議をするときに、未成年後見人の選任をする必要があります。


【注意】祖父が遺言書により未成年者A子のために、未成年後見人を指定することができます。たとえば、長男の妻に指定することもできます。


申し立ての目的は、①未成年者の監護と教育、②遺産分割になります。

その他には、①入学、②就職、③相続放棄、④保険金の請求、⑤その他財産の管理処分などの場合に行います。

未成年後見人になれるのは、この場合は、長男の妻、すなわち未成年者A子の母です。

未成年者や破産者は、後見人にはなれません。

未成年後見人の申し立ては、家庭裁判所にします。

すると、「お話を伺いたいので何月何日何時におこしください」と連絡書が届きます。「未成年者本人もおこしください」と書いてあります。この場合、未成年者の学校の通知票や財産状況のわかる資料などを持参する必要があります。

遺産分割の場合は、遺産分割協議書の案を持参する必要があります。

【ご注意】遺産分割協議書案には、この場合、相続人は長男と長女とA子ですが、A子に相続財産がまったく残らないということにはできませんのでご注意ください。

原則的には、法定相続分はA子さんが相続するようにしないと、審判がおりませんのでご注意ください。

したがって、祖父が元気なうちに、遺言書を作成し、遺言執行者を指定して、それぞれの財産について明確に取得するものを決めておけば、遺産分割の必要がありません。

ただし、未成年者の監護と教育、財産の管理などのために、未成年後見人の選任をする必要はあります。

【コラム】出入り口

なぜ、「出る」が先なのか、おわかりでしょうか
欲を出して、入ることばかり考えていると、
いろんなものも入ってきて満杯になってしまいます
そうなると、良いものが入ろうとしても先に入った、悪いものが邪魔をします
こんな、居心地の良いところはない、出て行きたくない
良いものが入ろうとしても満杯で入れない
こんな経験がありませんか
もうおわかりでしょうか
「出入り口」
なぜ「出る」が先なのか
それは、悪いものを先に出して、良いものが入るための空間をつくってあげるためです
深呼吸をしましょう
悪いものが出ますように、と思って出しましょう
そして、いいものが入ってきますようにと思って吸い込みましょう

何度か繰り返すと、体がぽかぽかしてきます
あなたを愛情で包んでくれます
森林浴に行くとみなさんも呼吸をされたご経験があると思います
すっきりするでしょう
体が楽になります
悪いものが出て行ってくれます
そこに、いいものが入ってきます
みなさん、ためるばかりではなく、出しましょう
奉仕も同じです
すっきりして、体も元気になります
ありがとうございます

第2章

これだけは知っておきたい
遺言の基礎知識

1 こんなときに遺言書を作成しましょう

次のようなあなたの思いを遺言書にすると、亡くなった後でも伝えることができます。思いを伝えようと思えば、「元気なうちに」遺言書を作成して、自分の意思をはっきりと書いておきましょう。

●思い1　お母さんに十分な財産を残してあげて、老後のことは信用できる司法書士や弁護士に成年後見人になってもらい、老後を安心して過ごさせてあげたい
●思い2　自分が働いてつくりあげた財産だから、自分が承継してほしいと思っている人にあげたい
●思い3　疎遠になった親戚に財産をあげるくらいなら、親しい友人にあげたい

そのほか、次のようなことを思ったときにも遺言書を作成しておきましょう。

●思い４　母親や自分の友人に財産をすべて分けたい
●思い５　信仰する寺院に寄付したい
●思い６　永代供養をして欲しい
●思い７　祖先の祭祀は、この人にお願いをしたい
●思い８　指輪はあの人に譲りたい
●思い９　自分の住んでいるマンションは、あの人にあげたい
●思い10　芸能人○○のファンなので、もしものときには○○を遺贈したい

2 こんなときにも遺言が必要です

1　相続人がいない場合

相続人がまったくいない場合、その相続財産は国庫に帰属します。しかし、遺言によって、たとえばお世話をしてくれた「近所の奥さん」にすべてを遺贈することもできます。もし、「近所の奥さん」が遺贈を放棄すれば、原則として相続財産は国庫に帰属します。

2　相続人が失踪して連絡がとれない場合

父の相続人の1人である兄が失踪して連絡がとれないとします。こんなとき、父が突然亡くなってしまったら、相続はどうなるのでしょうか？

事前の対策方法としては、以下のような方法があります。

①父に遺言書を作成してもらって、遺産の分配について明確にしてもらう
たとえば、不動産を現金化して兄弟に3分の1ずつ相続させるという遺言も作成できます。

②父が元気なうちに遺言書を書いてもらう
元気なうちはいいですが、認知症だと診断され、遺言の作成能力がないと診断されれば遺言書は作成できません。早めに遺言書を作成してもらいましょう。

③父が元気なうちに財産の分配をしておく
贈与税の計算をする必要がありますが、優遇処置を活用して事前に財産の分配をある程度してしまいましょう。

④兄が見つかるまで待つ

⑤兄の失踪宣告をおこない、失踪宣告後、遺産分割協議のために特別代理人の選任をして遺産分割協議を行う
この場合、兄が7年間失踪していることを証明する必要があります。

3 遺言の効力

1 遺言は法律に優先する

被相続人が遺言を残していなかった場合、民法で定められている法定相続分に基づいて財産の分配が行われます。

しかし、遺言で明記すれば、法定相続分に基づかない財産分配が可能になりますし、法定相続人以外の第三者にも財産を残すことができます。

ただし、遺言書の内容にかかわらず、法定相続人には前述の遺留分が保障されます。

2 認知症にかかったら遺言は残せない

遺言は15歳以上であれば誰でもつくることが出来ます。ただし、精神上の障害により重度の認知症にかかり、物事の判断能力を欠いていると診断されれば、遺言を残すことはできません。したがって、元気なうちに遺言を残すことが重要です。

もっとも、そのような場合でも、財産の管理などをしてくれる成年後見人を家庭裁判所で選任し、認知症にかかった本人（成年被後見人）が遺言の能力を一時回復し、医師２人以上が立ち会った場合は、遺言ができます。遺言に立ち会った医師は、遺言者が遺言をする時において、精神上の障害により遺言の能力を欠いていない状態であると遺言書に付記して、これに署名、印を押す必要があります。秘密証書遺言の場合は、封紙にその旨を書いて、署名し印を押さなければなりません。

３　成年後見の基礎知識

成年後見人制度とは、認知症、知的障害、精神的疾病などにかかって、判断能力が十分ではない人の権利や財産を守るために、家庭裁判所へ申し立てをすることにより、成年後見人や保佐人や補助人が選任されて、支援するための制度です。

成年後見人は、判断能力がほとんどないと判断された場合に選任されます。

保佐人は、判断能力が著しく不十分な場合に選任されます。

補助人は、判断能力が不十分な場合に選任されます。

成年後見人は、本人の財産を適切に維持管理しなければなりません。

成年後見制度の目的は、原則として、判断能力が十分でない方の意思を尊重し、かつ心身の状態や生活状況に配慮しながら、適切な介護や治療を受けさせるための生活や療養看護費用に本人の財産を使わなければなりません。

したがって、以下のような目的では、原則、本人の財産を処分できませんので、ご注意ください。

①株式等への投機目的
②贈与
③本人の財産を担保にして借金をすること
④税金対策
⑤その他本人の不利益となること

また、成年後見の申し立てができるのは、本人、配偶者、４親等内の親族、法定後見人、任意後見人、後見監督人、市町村長、検察官です。

４親等内の親族とは、以下の者をいいます。

①親、祖父母、子、孫、ひ孫、兄弟姉妹、おい、めい、おじ、おば、いとこ、

②配偶者の「親、子、兄弟姉妹、おい、めい、おじ、おば」

③「親、子、兄弟姉妹、おい、めい、おじ、おば」の配偶者

4 遺言の方式

遺言には普通方式と特別方式があります。

普通方式には、自筆証書遺言、公正証書遺言、秘密証書遺言の3種類があります。

特別方式は病気や事故で死期が迫っている人が行うものです。序章冒頭のマンガで描かれた危急時遺言はその典型例です。

1 自筆証書遺言

自筆証書遺言とは、遺言者がその全文および日付、氏名を手書きし、印を押した遺言書のことです。代筆やワープロ、録音・録画は無効となります。

自筆遺言証書は、遺言者が自分で作成するので、何回でも書き直すことができるほか、費用がかからないという長所があります。その一方、ルールを守らずに書くと形式の不備により遺言が無効となる可能性があったり、紛失や改ざんされるリスクがあります。

自筆遺言証書の中で、加筆、削除、訂正をした場合は、遺言者自身がその場所に「上から何行目何字加入」とか、「下から何行目何字削除」「右から何行目何字訂正」と記載して、署名し、かつ加筆、削除、訂正した箇所に印を押さなければ効力が生じません。

このほか、自筆証書遺言の場合、相続の開始を知った後、遅滞なく家庭裁判所に遺言書を持参して、検認の手続きをする必要があります。この検認の手続きを怠れば、遺言の執行はできません。検認を受けて初めて遺言の内容どおりに執行ができるようになり、銀行の被相続人名義の預金の解約や土地や建物の名義の変更ができるようになります。

2　公正証書遺言

公正証書遺言とは、公証役場で公証人に作成してもらう遺言書のことです。

公証人とは、法務大臣認定の資格を持った公務員であり、公証人が当事者の依頼で作成した書類（公正証書）は法律的に強い効力を持ちます。

公正証書遺言はある程度の費用や手間がかかりますが、プロの公証人が作成するため、不備がなく、自筆証書遺言に必要な検認も不要であるため、遺言者が亡くなった後、すぐに遺言執行の手続きに入ることができます。また、原本は公証役場に保管されるため、紛失しても安心です。

公正証書遺言を作成してもらうには、次のような条件が必要です。

まず、証人2人以上の立ち合いが必要です。この証人は20歳以上の成人でなければならず、推定相続人や受遺者並びにこれらの配偶者及び直系血族はなることができません。また、公証人の配偶者、四親等内の親族、書記、使用人も証人にはなれません。

3　秘密証書遺言

秘密証書遺言は、遺言者が遺言の存在は明らかにしたいものの、その内容については自分が亡くなるまで自分以外には知られないようにしたい場合に作成する遺言です。

自筆証書遺言は、自筆で書く必要がありますが、秘密証書遺言の内容は自筆で書かなくても構いません。ただし、自筆で書いておけば、万が一秘密証書遺言の方式に間違いがあって無効とされても、自筆証書遺言の方式を具備しておれば自筆証書遺言として有効に扱われます。

4　危急時遺言

序章冒頭のマンガで描かれた遺言の方式が危急時遺言と呼ばれるものです。

前述した自筆証書遺言、公正証書遺言、秘密証書遺言が普通方式と呼ばれる遺言の方式なのに対し、危急時遺言は特別方式と呼ばれています。

危急時遺言は、病気などの理由で遺言者の死亡が迫っている場合におこないます。この遺言の場合、証人３人以上の立ち会いが必要です。遺言者は証人の１人に遺言の内容を口頭で伝え、遺言を伝えられた証人はその内容を筆記して、遺言者および他の証人に読み聞かせるか、閲覧させます。各証人が筆記された内容と遺言者が口頭で伝えた内容に間違いがなく正確であることを承認し、署名・押印すれば有効となります。

この場合の遺言書はワープロで作成したものではなく、筆記されたものであることが必要です。また、緊急性のある遺言なので、遺言の日から20日以内に証人の１人または利害関係人から家庭裁判所に確認の請求をする必要があります。家庭裁判所は危急時遺言作成当時に遺言者の意識状態に格別障害がなく、遺言者の真意に基づいて作成されたものであるとの心証を得られれば、確認の審判を出します。

なお、特別方式によって遺言書を作成した場合、遺言者が普通方式による遺言が可能になったときから6カ月間生存するときは、特別方式による遺言は無効となります。6カ月以内に遺言者が亡くなった場合は、家庭裁判所に検認の申し立てを行います。

5 遺言執行者は必ず指定する

遺言書で遺言執行者を選任しておくと、以下のような点で何かと便利です。

①遺言書に書かれた遺言者の意向を、確実に遺言書どおりに執行してもらうことができる。
②預貯金の解約などを遺言執行者が換価処分して、遺言書の内容どおりに各相続人に分配をしてくれる。
③遺言書に書かれた受遺者や相続人間の調整をしてくれるので、各人が話し合って気を使うことが少なくなる。
④相続人の間で争いがあった場合に、遺言執行者が「法廷訴訟の担当」として例えば遺言書の無効確認の訴えの当事者となる。
⑤遺言の執行をするために相手方が協力をしてくれないときに訴えを提起できる。

1　遺言執行者の権限

遺言執行者の地位は、「遺言執行者は、相続人の代理人とみなす」と規定されています。また、その権限については、「遺言執行者は、相続財産の管理その他遺言の執行に必要な一切の行為をする権利義務を有する」及び管理行為については、民法の委任が準用されています。

したがって、遺言執行者が指定されている場合、相続人は相続財産の処分その他遺言の執行を妨げることはできません。

2　遺言者の逝去の通知

遺言の効力は、遺言者の死亡時から生じますので、遺言者の逝去の通知を受けたら、各相続人に遺言の内容について知らせることになります。

しかし、この時、遺言の内容及び相続人に争いがないのか、いろいろな角度から検討して、遺言執行者に就職すべきかどうかの検討も必要です。一旦就職してしまいますと、辞任するためには、家庭裁判所の許可が必要になり、正当な理由が必要となります。

3　遺言執行

1遺言執行者が複数いる場合

数人の遺言執行者がいる場合、その任務の執行については、民法１０１７条の規定により過半数で決すると規定されています。

ただし、遺言者が別段の意思表示をしたときはその意思に従います。

なお、保存行為については、単独でできます。

遺言書に、たとえば遺言執行者が2名の場合、過半数だと同数になるので、「預貯金の解約については、甲、乙、２名が選任されていた場合に、一方の乙の同意なしに、甲が単独で預貯金の解約の手続ができる」という遺言内容を書くと便利です。

筆者は司法書士なので、登記については単独で登記申請できるようにして、他の預貯金の解約その他の執行関係については、乙の同意なしに甲ができる旨の遺言を作成していただきます。そうしないと、預貯金の解約などは常に両名の印鑑証明書が必要になったり、2人で銀行に行かなければならなかったりするからです。常に2人で行動するのは無駄も多いので、複数の遺言執行者を指定される場合は、できるだけ、それぞれの任務の執行について、遺言を書いたほうが良いでしょう。

2遺言執行者が遺言者よりも先にもしくは開始後すぐに死亡してしまった場合

遺言執行者の地位は死亡により喪失します。一身専属権とみなされるので、その相続人は当然には遺言執行者の地位を承継しません。したがって、遺言執行者が死亡してしまった場合は、後任の遺言執行者を民法1010条の規定により家庭裁判所に新たに選任の審判を請求する必要があります。

3遺言執行者が就職を拒んだとき

遺言執行者が就職を承諾したときは、直ちにその任務を行なわなければなりません。したがって、よく考えて、承諾したくないと思えば、各相続人に対して、就職を承諾しない旨の通知を出します。

なお、遺言執行者がなかなか就職を承諾しなかった時は相続人や利害関係人から就職するかどうかの催告を行い、確答がなかったら就職を承諾したものとみなされます。

4遺言執行者が就職した後、辞退したとき

遺言執行者は「正当な事由」と、なおかつ家庭裁判所の許可がなければ辞任することはできません。この「正当な事由」とは、たとえば病気で遺言執行者としての任務の遂行が困難であるとか、長期の海外出張があるなどの事由が挙げられます。特に病気の場合は、医者の診断書を添付して、調査官の面談で、正当な事由と認めてくれなければ、なかなか辞任させてくれません。

辞任後は、相続人及び利害関係人に辞任の通知を出し、辞任までにおこなった執行の内容と辞任時における相続財産の状況などを報告しなければなりません。

4　遺言により不動産を所有している方が相続人以外の方に遺贈した場合

遺贈の場合は遺言執行者が指定されていれば、遺言執行者が遺贈の登記の申請人になり

ます。ただし、包括遺贈（「私の財産すべてを○○に遺贈する」という、不動産やあげるべきものを特定しないで何もかも一切包括して遺贈すること）の場合は、登記義務者としては、遺言執行者または相続人との共同申請になります。

したがって、包括遺贈の場合、登記申請のときに遺言執行者が指定されていなければ相続人から申請することが必要になってきます。すなわち、遺言の内容に納得してくれていればいいですが、場合によっては、すんなり協力をしてくれないということがあります。包括遺贈をする場合には必ず遺言執行者を指定するようにしておいてください。民法第1010条では「遺言執行者がないときは、又はなくなったときは、家庭裁判所は、利害関係人の請求によって、これを選任することができる」と規定されていますので、新たに選任して、遺言執行者から登記申請をすることも可能です。

5　まとめ

今までの説明をまとめると、以下のようになります。

①遺言執行者は相続人の代理人とみなされます。

②遺言執行者は、相続人の代わりに銀行に行って預金の解約や貸金庫の開封ができます。このときに、複数の相続人がいても、遺言執行者のみの権限で、預金の解約や貸金庫の開閉ができます。

遺言書で遺言執行者に指定されていたら、①まずは、就任すべきかどうかの検討をしてください。次に②遺言書が法的な適格性があり、有効か無効かの検討をしてください。わからない場合は、司法書士などの専門の資格者に必ず確認してください。

遺言執行者に就任したら、次のことを行います。

①検認すべき遺言書であれば家庭裁判所に検認の申し立てを行う
②就任通知書を遺言者の相続人や受遺者に送付する
③相続財産について調査して、財産目録を作成する
④債務などのマイナスの財産があるかどうかの確認と必要であれば、相続放棄をするのか、限定承認なのか相続人に確認する
⑤遺言内容に基づいて各相続人や受遺者との面談をして、遺言の内容について確認する
⑥遺言執行者が執行すべき行為は何かを検討する

⑦遺言の執行をする
⑧遺言執行の完了と報告をする

★ワンポイントアドバイス★

貸し金庫の開閉は、亡くなられた方が契約をしていれば、相続人は相続人全員の印鑑や戸籍謄本、印鑑証明書などを添付しないと、銀行が開閉してくれないことがあります。貸し金庫の中に、大事な株式や証券などを入れていたら、すぐには開封ができませんので、大変困ります。

そこで、貸し金庫の契約者を、夫婦であれば共同にしておけば、どちらかに万一のことがあっても、もう一人が開封できます。

貸し金庫は、二人でどちらも開封ができるように契約をしておきましょう。

【注意】

遺贈など、相続人以外の人にあげたり、寄付をしたいときには、必ず遺言執行者を選任しておいてください。そうでないと、相続人との共同で遺言の執行を行うことになります。

せっかく、遺言書があるのに、相続人の印鑑などがいるのであれば、気遣いも大変です。

遺言執行者は必ず選任しておきましょう。

6 遺言書に書くことができる内容

遺言書に書くことができる内容には、法律的効果（財産などに関する強制力）をもたらすことのできることと、遺言書に書いても法的な効果がないもの（葬儀のスタイルや家族へのメッセージ）があります。

1　法的効果をもたらすもの

①認知（例　○○を自分の子供として認知する）

認知は遺言によってもすることができます。

②後見人の指定（例　自分にもしものことがあったら、子供は自分の親に引き取ってもらいたい）

未成年者後見人の指定や未成年者後見監督人の指定ができます。

③相続分の指定（例　二男は病気がちだから少し多めに相続させてあげたい）

法定相続分と異なる相続分の指定をすれば、法定相続分の規定の適用が排斥されますので、相続人間の遺産分割協議も円滑に進む場合があります。このときに法定相続分と異なる相続分を指定する理由を遺言書自体に明示しておくと、相続人も納得する場合があり、争いを未然に防ぐことも可能です。たとえば「遺言者は、各相続人の相続分を次のように指定する。妻は８分の５、長男は８分の２、次男は８分の１。理由　妻は遺言者に献身的に尽くしてくれたのでとか……」

なお、相続分の指定の遺言については、遺言執行者の執行行為が不要ですので、遺言執行者を選任する必要はないと言われていますが、遺言執行者を指定しておくと、銀行の口座の解約をして遺言執行者が換価処分して各相続人に分配するときには便利です。

④特別受益の持ち戻しの免除

相続人の中に婚姻のときや家を建てるときなどにすでに遺言者から財産の贈与を受け取った人がいる場合には、その財産も相続財産に組み込んで遺産の分割が行われます。たとえば、遺産３０００万円に対して、相続人Ａ子と相続人Ｂ子の２人がいて、Ａ子は婚姻の際にすでに１０００万円の贈与を受けている場合、遺産総額は３０００万円＋１０００万円＝合計4000万円となります。A子はすでに1000万円を受け取っているので、相続の際はA子1000万円となり、B子2000万円と法定相続することになります。しかし、遺言で「特別受益の持ち戻しの免除」をした場合は、相続財産は3000万円と考え、A子の1000万円は加えずに相続分の計算をすることになります。ただし、遺留分の侵害にはご注意ください。

⑤相続人の排除と取消

相続が開始した場合に、相続人となるべき者が、遺言者に対して虐待や重大な侮辱を加えたり著しい非行があったときは、遺言によりその相続人となるべき者を排除、すなわち相続させないとすることができます。また、いつでもその取り消しができます。

⑥遺増

遺言者は、自分の財産を相続人以外の知人や友人などに遺贈することができます。

⑦遺言執行者の指定（例　あの人に遺言を執行してほしい）

遺言執行者は、遺言書を書く場合には指定しておいたほうがよいでしょう。

⑧遺留分減殺方法の指定

遺留分については前述いたしましたが、よく争われますので再度説明をしておきます。

遺留分は一定の相続人が当然に取得できるものとして民法に規定された最低限度の相続分です。

兄弟姉妹には遺留分がありません。

遺留分は、その権利者が請求することにより効力が生じます。減殺の請求権は、遺留分権利者が、相続の開始及び減殺すべき贈与又は遺贈があったことを知った時から1年間行使しないときは、時効によって消滅します。相続開始の時から10年経過した時も、同様です。

家庭裁判所の許可を受けたときに限り、遺留分の放棄の効力が生じると規定されています。

遺留分減殺方法の指定とは、たとえば「遺留分を侵害した時には、総財産の中から、長男の居住する土地建物に対しては減殺請求せず、預貯金からするようにして下さい。」などと指定することです。

相続財産の調査をし、相続税の計算を行い、遺産総額から遺留分権利者の権利を侵さない程度にそれぞれ相続人の相続分の配分を考慮することや、もしくは遺留分減殺請求を受けたとしても、何から減殺していくかの遺留分減殺方法の指定をしておいたほうが良いでしょう。

遺言者には相続人にそれぞれ遺留分があることを必ず告げること。遺留分減殺請求を受けるような遺言は、紛争の原因になりますので、できるだけ遺留分を考慮することが大切です。

どうしても必要であれば、専門家を交えて対策を考えることが大切です。

⑨祭祀に関する権利の承継（例　先祖代々のお墓は長男に継いでもらいたい）

「祖先の祭祀を主宰すべきものとして次のもの（例長男○○○○）を指定する」

⑩遺言の撤回

遺言は、いつでも遺言の方式に従ってその一部または全部を取り消すことができますので、取り消した遺言は初めからなかったものとして取り扱われます。

2　遺言に書いても効力がないこと

結婚や離婚、養子縁組や離縁など、双方の合意が必要な身分関係に関することは書いても効力がありません。

3　法的効果をもたらすことはできないが書いてもいいもの（付言事項）

遺言を書く場合に、「なぜ自分が遺言書を書いたのか」を遺言書の最後に書くと良いでしょう。これを「付言事項」といい、法律的な強制力はないものの、遺言者から家族へのメッセージを伝えることができます。付言事項には、たとえば以下のようなものがあります。

・家族みんな仲よくこれからも○○家を守ってください。
・長男に土地を多く相続させると書いたのは、今後も永続してこの○○家を引き継いでほしいからです。
・長女には、財産○○を相続させるが、これは先祖から引き継いできたものであり、長男と仲よく先祖を守ってください。
・妻の面倒は長男夫婦に任せますが、よろしくお願いします。

その他にも、たとえば自分のこととして、「葬儀は盛大にお願いします」「身内だけで送ってほしい」「香典は辞退する」「祖先の墓に納骨してほしい」「臓器提供や献体を望む

（望まない）」などを書いてもいいでしょう。

付言事項は、公正証書遺言の場合、公証人が末尾にその内容のまま作成をしてくれます。また、自筆で書かれた付言事項は、残された相続人や関係者が遺言書を読んだときに胸に「じーん」と来るものがあります。相続人や家族が後でもめることのないよう、ぜひ、なぜ遺言書を書いたのかを自筆で付言事項として書いておいてください。

7 信頼できる専門家の選び方

信用できる司法書士などの専門家は、以下のような条件を満たす人から選びましょう。

①普段からお付き合いがあってよく知っている。
②遺言や相続、成年後見制度に詳しく、近隣の住民からも信用されている。司法書士会や弁護士会からの紹介である。
③専門的な本の著者である。

じっくり、落ち着いてまわりを見渡すと、「あなたのことを、自分のことのように考えてくれる」司法書士や弁護士が必ずそばにいるはずです。

逆に、以下のような場合にはくれぐれもご注意ください。

①広告宣伝を派手に行っており、名前は有名だが、実際には専門家本人に会えない。
②紹介してもらって面会をしたが、どうも不安を感じる。

③事務所を訪問しても、対応は事務員がおこない、資格を持った司法書士や弁護士が対応してくれないし、見たこともない。

このような事務所で本当にあなたのことを「自分のことのように」あつかってくれるのでしょうか？

選択肢は、あなた自身にあります。

【コラム】ここでリラックス

ゆっくり呼吸をしましょう
目をかるくとじて、おなかまで、ゆっくり空気を入れます
そして、ゆっくり吐きます
ふ――――

「人」という字は、「ノ」を支えているから「人」になります
自分一人では生きていけません
必ず、支えてくれる「人」がいるから人間でいられます
その人に「ありがとう」と言ってあげてください
きっと、喜ばれるでしょう
「ありがとう」は、魔法の言葉です
支えてもらっていいんですよ
あなたは一人ぼっちじゃない
支えてくれる人がそばにいます
あなたは気がつかないだけ
人は支えあって生きています

第３章

遺言書の基本的な書き方

あの…すみません
どうぞ
友人が遺言書を作成していて私も書いてみたのですが先生これで良いでしょうか?
どれどれ…
内容を見せて下さい
遺言書は自筆証書遺言と公正証書遺言と秘密証書遺言の
三種類が普通方式と呼ばれる遺言です
自筆証書遺言
公正証書遺言
秘密証書遺言
あなたが書かれた遺言書は自筆証書遺言ですね
あっそうですか?
この自筆証書遺言の場合は死亡されたあと家庭裁判所に「検認」という手続きをする必要があります

先生「検認」って何ですか？
自筆証書遺言や秘密証書遺言の場合に「検認」の手続きをとらなければその遺言の執行ができません
先生「検認」の手続きをしないとどうなるのですか？
検認の手続きをとらなければ遺言の内容の通りに執行ができないので
土地や建物の名義変更や預貯金の解約をして遺言により譲渡されることになった人の名義に変更ができないんですよ
注
検認の申立は被相続人の住所地の家庭裁判所に提出します
遺言者の出生から死亡までの連続した
戸籍謄本・除籍謄本・改製原戸籍謄本を添付して
遺言書を保管又は発見した相続人が行います
あっそうですか
よくわかりました
ところでこの遺言書の内容ですが…
何ですか？
「わたしの曙町にある家屋は結子に譲渡する
平成22年5月3日
住所東京都世田谷区…
氏名　朝野美樹

うーん
この内容では
結子さんへの名義変更が
できないですねー
えー
せっかく遺言書を
書いたのに…
そうですねー
残念ですが…
どこが
いけないんですか？
まず
「結子」にという
ところですが
結子さんは
娘の結子さんなのか
別人の結子さんなのか
特定できません
娘の結子さん
別人の結子さん
例えば
「長女 結子に」
「朝野結子に」
「長女結子（平成2年3月29日に）
などと本人を
特定できるように
書いておきましょう
次に
「譲渡する」
と書かれてますが…
はい
「譲渡する」では
いけないのですか
「譲渡する」では
相続させるのか？
遺贈するのか？
わからないのです
注
遺言書の内容は必ず本人を特定し、
相続なのか、遺贈なのか、寄付なのか
はっきりと書いておきましょう

先生
よくわかりました

注
相続は法定相続人に相続させる場合に
相続させると書きます
遺贈は、相続人以外の友人や他人に死亡後に
贈与することになりますので遺贈となります
寄付は、寺院や学校などへ寄付する場合に使います。

この場合は
私の財産すべては、
長女　朝野結子
（平成２年３月29日生）
に相続させると書きましょう
先生
ありがとう
ございます

自筆証書遺言を
書く場合の
注意点があります

１遺言者が全文を自分で書くこと
ポールペン・筆などで書いて下さい。
鉛筆は消したり改ざんされるので使わないで下さいね！

２日付は必ず年月日まで記載して下さい。
平成二十二年五月吉日とは書かず、
必ず平成二十二年五月三日と日付を入れて下さいね！

３氏名は必ず朝野美樹と書いて
美樹だけでは効力が問題になります。

４印を押すこと

５間違って訂正したり、加筆した場合は、
その場所に「何字訂正・何字加筆」と書き
署名してその場所に印を押さなければなりません。

先生 ありがとう ございます
先生に見てもらって よかったです
はい せっかく 遺言書を書いても 無効だと何の意味も ありませんからね
他によい方法が ありますか？
公正証書遺言を 作成しておくと 安全で紛失しても
公証人役場で 保管してくれますから 安心です
先生 公正証書遺言の 作成をお願いします
はい わかりました
後日、朝野美樹さんは、 二人の証人の立会のうえ、 公証人役場で 公正証書遺言を作成しました。 公証人役場では、 遺言の内容を事前に伝えて、 予約の上、 本人の印鑑証明書と実印を持参して、 証人二人の立会のもとに 作成をします。

●自筆証書遺言と公正証書遺言の違い

	自筆証書遺言	公正証書遺言
執筆者	遺言者本人のみ	公証人（口述筆記）
タイプ、ワープロ	不可（無効）	可（有効）
証人	不要	必要（２名以上）
署名・押印	本人のみ	本人、公証人、証人
家庭裁判所の検認	必要	不要
作成の方法	遺言者自らが遺言の全文と日付を書き、署名・押印する	遺言者の口述を公証人が筆記し、その内容を遺言者・証人の前で読み上げ、全員で署名・押印する。口がきけない者は手話通訳者の通訳または自書でも可
長所	・証人や公証人が必要なく、簡単に作成できる ・遺言の存在、内容を秘密にできる ・費用がかからない ・何度でも書き直せる ・気軽にいつでも書ける	・公証人が作成するため、法律上の不備がない ・遺言書自体の有効性を疑われることが少ない ・検認の必要がないため、すぐに内容が確定する ・公証人役場に原本が保管されるので、紛失や偽造、盗難などの心配がない
短所	・紛失、盗難、偽造、変造の恐れがある ・専門家が作成していないため、方式不備のリスクが高く、無効になる恐れがある	・作成手続きが煩雑 ・遺言の存在と内容を公証人および証人に知られてしまう ・費用がかかる

1 このような遺言書の書き方は問題があります

前ページのマンガで問題となったのは、遺言書の中の「曙町にある家屋は、結子に譲渡する」という部分でした。

この文言の問題点は以下のような点です。

①「曙町」とはどこなのか、住所の特定がありません。地番がなく特定できないので、効力に問題があります。

②「家屋」とはどこの家屋なのか、家屋だけなのかがわかりません。土地があるのに記載がされていない場合は、物件の特定ができないので、効力に問題があります。

③「結子」とは妻なのか、娘なのか、それとも他の誰かなのか特定ができませんので、効力に問題があります。たとえば「妻、結子」とか「朝野結子」などと、本人を特定することが大切です。

④「譲渡する」とは、「相続させる」なのか、「遺贈させる」なのか、「寄付する」なのか、明確にする必要があります。そうでないと、効力に問題があります。

1 「相続と遺贈の違い」

遺言を書くとき、「あげる」とか「贈与する」などのような文言は、なるべく使わないようにするほうが良いでしょう。

まず、相続人に対しては、「長男○○に次の不動産を相続させる」「二男△△には、○○銀行○○支店普通口座番号○○○の預金を全額相続させる」などと、「相続させる」という文言を使いましょう。

次に、相続人以外の人や法人に対しては、「友人の○○に次の宝石を遺贈する」「宗教法人××寺に金1000万円を寄付する」「孫の○○に金1000万円を遺贈する」など、「あげる」という文言ではなく、「遺贈する」「寄付する」などの文言を使います。

自筆証書遺言の場合は、以下のようにします。

遺言書
「私の財産はすべて妻○○○○に相続させる」
「遺言執行者に妻○○○○を指定する」
平成○年○月○日
遺言者　住所○○○市◎◎町◎番◎号
☆☆☆☆㊞

★住所は書いたほうがベター

遺言書に遺言者の住所が書かれていなくても無効とはなりませんが、同姓同名がいたら後で困ります。本人であることを証明するために住所を書いておくほうが良いでしょう。

★日付は明確に書く

「平成○○年11月吉日」などのような記載は、原則として無効です。年月日は必ず明確に書きます。

★遺言執行者は指定しておく

文例では遺言執行者として受遺者である妻を指定しています。「ゆうちょ銀行」などでは貯金を解約等する際に、遺言執行者の選任を要請されることがありますので、遺言書であらかじめ指定しておきましょう。

文例の内容で、すべての財産を妻○○○○さんが相続することができます。

そのほか、ここで注意すべきこととしては、以下のようなものがあります。

1遺言者が①全文②日付③氏名を自書する

2印を押す

押印は拇印で足りるという判例もありますが、実印を押したほうが無難です。

3間違って訂正したり、加筆したりした場合は、その場所に「何字訂正しました」「何字加筆しました」などと書いて署名して、その場所に印を押すこと。

これらを守らないと自筆証書遺言の効力が生じませんので、ご注意下さい。

2 その他の注意点

遺言の内容の例：
「妻に先立たれ、本人の相続人が兄弟姉妹だけで、子供がいない場合」
遺言者、○○△△（昭和22年2月2日生まれ）は、下記のとおり遺言する。

1．遺言者は、所有する不動産すべてを遺言者の妹△◇△◇（昭和25年5月5日生まれ）に相続させる。

【注意】「すべて」と記載していますが、複数の不動産を複数の相続人に相続させる場合は、個別に分けて記載をしてください。

2．遺言者は、預貯金、現金、有価証券、その他の債権すべてを、遺言者の友人□□□□（昭和24年４月４日生まれ）に遺贈する。

【注意】遺贈の場合は、遺言執行者を必ず指定しておきましょう。遺言執行人が指定されていない場合、他の相続人と共同で手続きをする必要があったり、預貯金の名義変更や解約手続きが複雑になります。

3．遺言者は、家財道具、その他の動産を、遺言者の姉○○○○（昭和20年１月１日生まれ）に相続させる。

【注意】「その他の動産」には、書画骨董品や宝石などが含まれます。

4．葬式費用、その他一切の債務は、遺言者の姉○○○○と妹◇◇◇◇が均等に負担する。

【注意】葬式費用は誰が負担するのかを明確にしておいたほうが良いでしょう。「その他の債務」の中に金融機関などから借り入れがあった場合は、その債務も相続します。多額の債務があることが判明した場合は、相続放棄や限定承認の手続きができます。

5．遺言者は、遺言者の葬儀の執行、墓標の管理及び納骨、祖先の祭祀を主宰すべきものとして、遺言者の兄△△△△（昭和18年8月8日生まれ）を指定し、信仰する○○寺に納骨をお願いし、永代供養してくれることをお願いする。

【注意】葬儀の執行や永代供養などをどのようにして欲しいか、明確にしておきましょう。

6．遺言者は、遺言執行者として、司法書士○○○○（昭和30年3月11日生まれ）を指定する。

【注意】遺言執行者には、相続人や受遺言者もなることができます。受遺者とは、遺言で相続や遺贈を受けた人のことで、ここでは、姉、妹、友人です。

3　付言事項の書き方

付言事項には法律的な効果はありませんが、遺言者から家族へのメッセージを残すことができます。以下はその一例です。

遺言者が、「不動産を妹に相続させる」としたのは、妹にはいろいろと健康のことなど心配をかけたので、せめて不動産を相続してもらいたいからです。姉には宝石などの動産や家財道具を相続してもらい、兄弟姉妹仲良く暮して欲しいと思っています。また、友人の□□□□さんには、妻が元気だったころからいろいろな面倒をおかけしているので、せめてもの恩返しに遺贈したいと思います。

兄には、申し訳ないが、生前に十分な財産を贈与しているので今回は相続すべき財産はありませんが、私の遺骨を信仰するお寺に納骨して、永代供養してください。今後も本家の繁栄を望みます。お世話になりますが、よろしくお願い申し上げます。

ありがとうございました。

平成○年○月○日

住所　○◎市○◎町◎丁目○番○号

遺言者　署名　○○△△　㊞

【注意】どのような思いでこの遺言を作成したのか、その思いを手書きで書いておきましょう。

4 公正証書遺言作成の手続

1 手続き

司法書士や弁護士に公正証書遺言の作成を依頼した場合、司法書士や弁護士もしくはその事務所の事務員が証人になることがあります。

①遺言者が遺言の趣旨を公証人に口頭で伝えます。

②公証人が、遺言者の口頭で伝えた内容を筆記して、その内容を遺言者や証人に読み聞かせて、または閲覧させます。

③遺言者及び証人が、筆記の正確なことを承認したのちに、各自がこれに署名して、印を押します。ただし、遺言者が署名することができない場合は、公証人がその事由を付記して、署名に代えることができます。たとえば、手が不自由だとか、けがをしており、署名

できない場合です。
④公証人が、その証書は、正しく公正証書の方式に従って作成されたものである旨を付記して、この証書に署名して、印を押します。

実際の手順は、遺言内容を口頭で伝えますが、公証人と面談する数日前に遺言の内容を公証人に伝えておいて、あらかじめ遺言の原案を公証人に作成しておいてもらいます。

公証人との面談日が決まれば、公証人役場に赴くか、もしくは公証人が自宅や病室まで出張してくれます。

公証人の面前であらかじめ伝えた遺言の内容について確認があります。

その内容に間違いがなければ、公証人が作成した遺言書を読み聞かせます。一行一行丁寧に読まれます。そこで訂正事項や変更があれば、すぐに公証人に伝えれば訂正や変更をしてもらえます。内容に変更や間違いがなければ、読み聞かせののち、正確なことを確認して、遺言書に証人2名と遺言者が署名押印します。

公証人が方式に従って認証して完了です。

２　正本と副本の違い

公証人が署名押印し、認証分が付された公正証書遺言を渡されますが、正本と副本とがあります。正本と副本の効力に違いはありません。正本は1通のみ作成されますが、副本は複数作成が可能です。

３　公正証書遺言のメリット

①口がきけなくても公正証書の作成ができる

遺言者は、公証人および証人の前で、遺言の趣旨を通訳人の通訳により申し述べるか、または自分で書いて伝えることができます。

公証人は、前記の内容を筆記して、遺言者および証人に読み聞かせします。

②耳が聞こえなくても公正証書の作成ができる

この場合は、公証人が内容について読み聞かせすることができませんので、筆記した内容を通訳人の通訳により遺言者または証人に伝えます。

③公正証書遺言は、家庭裁判所に検認の申し立てをしなくてもよい

公正証書遺言は、自筆証書遺言や秘密証書遺言、危急遺言などのような家庭裁判所に検認の申し立てをしてからでないと遺言の執行ができないということはありません。

④公正証書遺言は、遺言者の死亡の時から執行ができる

公正証書遺言は、死亡の時点から検認を受けることなく執行ができるので、家庭裁判所に検認の申し立てをするなどの手間が不要で、かつ信頼性の高い便利な遺言です。

⑤改ざんされることがない

公証役場に原本が保管されるので、手元にある正本や副本が勝手に改ざんされても原本と違うので無効ですし、改ざんした本人は罪を問われます。全国どこの公証人役場でも本人の氏名と生年月日で公正証書遺言が作成されたかどうか問い合わせができますし、作成後20年間もしくは、公証人の役場ごとに異なりますが、１０５歳まで保管をしてくれます。１２０歳まで保管をしてくれる公証人役場もあります。

★ワンポイントアドバイス★遺言は、元気なうちにしましょう

公正証書遺言の作成のとき、遺言者が高齢などの場合、返事が「ふんふん」「はいはい」だけで本当に遺言の内容がわかっているのかどうか、わからない。もしくはしっかりとしゃべれるが、どこか話のつじつまが合わない、家族に確認をしてみると、認知症の疑いがある。もしくは認知症と診断された。確認のためにかかりつけの医院で診断書を取り寄せると、「認知症の疑いあり」と書いてあった。

このようなとき、公正証書遺言をたまたま作成できたとしても、「公正証書遺言無効確認の訴え」を利害関係人である相続人から申し立てされ、裁判にて「無効」の判決が出ればせっかく遺言書を書いても無意味になります。もしくは、裁判で争うとあまりにも時間がかかるので和解にしようということになり、相続財産のうち一部を相手方に取得させたということもあるでしょう。

このように、遺言では、遺言者の意思能力が大切となります。元気なうちに、意思がはっきりとしているうちに遺言は書いておきましょう。

特に、公正証書遺言の場合、公証人が作成してくれているから大丈夫とは限りません。あくまで、遺言者本人の意思能力の問題です。公証人は医師ではありませんので、その判断は、後日争いがあった場合に裁判にて判断が下されます。したがって、少しでも認知症などの疑いがあれば、事前に担当医師の診断書をもらい、「認知症でないことを確認して」遺言書の作成をするほうがよいでしょう。

Q「夫婦二人で公正証書遺言を作成したいのですが、できますか」

A　同じ書面で遺言書の作成はできませんが、別々に作成することはできます。

公正証書遺言作成の場合、公証人の面前で夫婦同時に同じ証書での作成はできませんが、時間をずらして夫と妻が同じ日に同じ場所で作成することができます。

ただし、おたがいに利害関係があるので、公証人に遺言書を作成してもらう間、たとえば夫の遺言書作成の場合は妻は別室で待機することになり、お互いにどんな遺言書を作成したかは、作成後でないとわかりません。

遺言は愛情の表現ですとお伝えしましたが、利害関係人がそばで聞いていれば、やはり、遠慮などがあって、遺言者の素直な思いに基づく正しい遺言書が作成できなくなりますので、お互いに遺言の内容は別々に公証人の面前で口授することになります。もちろん、自筆証書遺言や秘密証書遺言の場合も同一の書面に連名で書くことはできません。あくまで、個人の考え方を尊重して作成する必要があります。

5 秘密証書遺言作成の手続

秘密証書遺言は、遺言者が遺言の内容を書いた証書に署名し、印を押すことです。内容（本文）はワープロで作成してもかまいませんが、署名と押印は必ず自筆で行います。自筆で書いておくと、もし秘密証書遺言の方式に間違いがあって無効とされても、自筆証書遺言の方式を具備していれば自筆証書遺言として有効に扱われます。

1 作成時の注意事項

遺言の内容に加筆や削除や訂正があった場合、自筆証書遺言と同じように、遺言者がその場所に「上から何行目何字加入」「下から何行目何字削除」「右から何行目何字訂正」などと記載し、署名をし、かつ加筆、削除、訂正した箇所に印を押さなければ効力が生じません。

2 手続きの流れ

①遺言者がその証書に封をして、遺言書作成時に印を押したその同じ印鑑で封印をします。
②遺言者が公証人一人及び証人二人以上の前に作成した遺言書を提出して、自己の遺言書である旨とそれを書いた自分の氏名及び住所を公証人に申し述べます。
③公証人がその遺言書を提出した日付及び遺言者が公証人の面前で自己の遺言であることを申し述べた旨をこの封紙に記載したのち、遺言者及び証人とともにこれに署名し印を押して完了です。
④遺言者が亡くなって相続が生じた場合は、家庭裁判所に検認の申し立てが必要です。
⑤相続人全員に呼び出しがあり、相続人もしくはその代理人の面前で開封がなされます。
⑥家庭裁判所に検認の申し立てをする前に開封はできませんので、ご注意ください。

3　こんなに便利な秘密証書遺言活用法

秘密証書遺言の内容は、公証人や証人に見られることはありません。自筆証書遺言の場合は、封筒に入れて他人に見られないようにしておけば見られることはありませんが、秘密証書遺言の場合は、必ず封筒に入れて封印をするので、他人に内容を見られることがありません。

秘密ですから、開封するまで何が書いてあるのか、残された相続人にとっては興味深いものがあります。遺言者にしてみれば、他人に何が書いてあるのか知られない、何を封書の中に入れているのかわからないままにすることができます。

したがって、家族の思い出の写真などをこっそり入れておくこともできます。あるいは土地の境界の図面をいれて、「東の土地○○㎡は、長男が相続し西側の土地△△㎡は、二男が相続する」と書くこともできます。

このように、とても興味深く秘密なものが「秘密証書遺言」です。チャレンジしてみませんか。

とても神秘的な遺言をあなた自身で作れます。ただし、方式をきちんと守ってくださいね。

6 遺言書にしなくてもこれだけは書いておこう

元気なうちにできることがあります。
認知症になればできないことだらけ。
こんなことをノートや日記に書いておくと、残された方が安心です。
どこに何があるのかわからない、困ったことがありませんか？
困らないためにも、次のことを、書き残しておくことをお勧めします。

1　自分のこと

亡くなってしまったら、自分のことをいちばんよく知っている自分がいなくなってしまいます。したがって、以下のようなことを書いてみましょう。

①名前の由来や生まれた時のこと「どうして、自分の名前はこの名前になったのか」
②学歴「なぜ、この中学に、高校に、大学に、入学したのか」
③職歴「なぜ、この仕事を選んだのか、使命感や楽しいこと」
④資格「なぜこの資格を取得したのか、楽しいこと」
⑤免許「華道や茶道やいろいろな免状等などの楽しい思い出」
⑥思い出に残っている楽しいこと、旅行など

【注意】すべて、書き遺して楽しいことを書いてください。楽しい、うれしい、笑顔いっぱいの自分を思い出してみて書いてください。

また、以下のようなことについても自分の考えを書いておきましょう。

1認知症になった場合、介護や看病はどのようにしてほしいのか?
配偶者に看病してほしいのか、息子夫婦にしてほしいのか、娘にしてほしいのか、プロのヘルパーさんにしてほしいのかなど

①介護施設に入所させてほしいのか、自宅で介護してほしいのか？
②介護費用はどうするのか？（たとえば預金の解約や年金でまかなうのか）
③後見人には、誰になってほしいのか？（自分の子供なのか専門の司法書士などに依頼するのか）

2終末期のこと

①延命治療を望むのか
②できれば自宅療養なのか
③日本尊厳死協会に登録していること
④病名は、告知してほしい
⑤病名は告知しないでほしい
⑥臓器の提供は望まない、望むなど（ただし、臓器の提供には家族の同意や理解が必要です。もし望まれる場合は、元気なうちに家族と話をしておいてください）

3葬儀について

①葬儀はこのようにして欲しい（たとえば葬儀会社を決めている、費用はこの程度など）
②埋葬の方法など（遺骨は海にまいてほしい、永代供養をしてほしいなど）
③必ず連絡をしてほしい、友人、知人、会社、などの連絡先や住所、メールアドレスなど
④家族に残す思い、友人などに残す思い
⑤戒名はすでにあるのか、つけてほしいのか
⑥喪主は誰になってほしいのか
⑦お棺の中に入れてほしいもの
⑧香典はいただくか、いただかないのか

4遺言があるのか、ないのか

①どこに遺言書を保管しているのか（例　司法書士の○○先生に遺言書を保管していただいているので、万一のことがあれば、ここに連絡をしてください）。
住所、連絡先電話番号、担当者など
②もしものときには、誰を頼ればよいのか

7 遺言書の保管場所は伝えておこう

「自分に家族にご先祖様にありがとう」

「お母さん生んでくれてありがとう」と言えましたか？


あー、遺言書ができた。貸し金庫に入れておこう。

ちょっと待ってください。貸し金庫を開閉できるのはあなただけですか？　それなら、亡くなった後は出せません。困ったことになります。

たとえ遺言があっても、相続人全員の印鑑と戸籍をそろえて相続関係を証明しなければ、貸し金庫は開閉してもらえません。貸し金庫に遺言書を保管するならば、ご本人以外の方も開閉できるように銀行への手続きが必要です。貸し金庫の開閉は相続人もできるようにしておきましょう。

遺言書は渋谷の公証人役場なら１２０歳まで保管してくれます。大阪の平野町公証人役場なら105歳まで保管をしてくれます。長生きしましょう。

遺言書の保管場所は、あらかじめ相続人に伝えておくことが大切です。

ここでちょっと一言

「チームワーク」

チームワークの良い会社とトップダウン形式の会社があります。

さて、どちらがうまくいくでしょうか?

答えは、ありません。どちらでもうまくいくことがあります。

トップダウン形式で指揮命令系統が整理され素早く正確に下部組織まで伝わる組織の魅力は、全員がそれぞれの役割を忠実にこなすことができる組織であることだと思います。しかし、今の時代には、それぞれの創造性を重視して、1人のトップの力だけではなくそれぞれのメンバーがそれぞれに想像力を発揮し、提案して、変化対応力を身に付けた組織でないと生き残れません。

時代時代でその時に応じて変化していきます。

チームワークが良すぎて悪いことはないでしょう、しかし、その中に1人でも依存型の人間がいたとしたら、その人を助けるために他の人が余計な労力を注がなくてはなりません。これはチームワークが良い会社ではなく、単なる仲良しクループです。当然生産性も上がりません。

チームワークが良い会社とは、それぞれの役割がそのときそのときに応じて臨機応変に役割をしっかり守り、やるべきことをやれる組織です。社長にいい考えがなかったら、他の者がいい提案をし、それをまた他の者がサポートする。そして、新たな開発や提案を、すべての社員が常に考え、チャレンジすることのできる組織であり、自由な環境の中でチャレンジできる組織です。ああしよう、こうしようと思っても、必ず誰かがじゃまをする。これでは今の世の中で進歩はないでしょう。生き残れないでしょう。

相続、遺言のときも同じです。

残された方が、チームワークを大切にできるか、家を守る、家を存続させる、祖先を守る、継続させる、このようなこともチームワークではないでしょうか。

【コラム】足らざるが幸せ

何と優雅に、贅沢に幸せな人生を送ってきたのだろうか
欲しいものを手に入れることができる
いつでもおいしいものが手に入る
近くになければ、インターネットで注文ができる
無邪気に遊んでいたあの頃は、こんなにものがあふれていただろうか
あれもない
これもない
ないものだらけ
足らないものだらけ
だから、ないものが手に入ったときには飛んで喜んだ
むしゃぶりついてほおばった
おいしかったあの頃の食べ物
なぜなのだろうか
足ることに贅沢になって
足ることが当たり前になって

今、足らざることの幸せをかみしめる
少々足らざるが幸せ
完璧を求めても人間は不完全
足らざるものがあるから人間
完全になろうとすれば、神様や仏様になってから
今は、足らざるがよい
今の現実を受け止めて
足らざる幸せを実感しましょう
足らざるが本当の幸せ
幸せになりましょう
きっと幸せになれます
今が幸せなのです

死亡時の届出書類チェックリスト

□死亡届

届出地：死亡地・本籍地・届出人の所在地のいずれかの市区町村へ
期間：死亡の事実を知った日から7日以内
届出人：同居の親族・その他の同居者・家主・地主または家屋もしくは土地の管理人・同居の親族以外の親族・後見人・保佐人・補助人及び任意後見人
届けに必要なもの：
・死亡診断書又は検案書
・届出人の印鑑（認め印で結構です）

□火葬許可書

市区町村に死亡診断書を届け、受理されると火葬許可書が交付されます。火葬場の予約など葬儀会社がすべて代行してくれる場合がありますが、火葬許可書はなくさないように保管して火葬場に提出してください。火葬後、埋葬許可書が発行されますが、納骨の際に必要になるので、大切に保管してください。

□市区町村長への届け

○要介護を受けていた人：介護保険課等の市区町村長の窓口で手続きをします。
届出に必要なもの：介護保険被保険者証

○国民健康保険や後期高齢者医療保険に加入していた人：保険課等の市区町村長の窓口で手続きをします。
届出に必要なもの：国民健康保険被保険者証や後期高齢者被保険者証、届出人の認印

○葬儀費の支給：国民健康保険や後期高齢者保険に加入されていた場合は、市区町村長により葬儀費が支給される場合があります。
届出に必要なもの：国民健康保険被保険者証や後期高齢者被保険者証、届出人（喪主）の認印、火葬許可書または埋葬許可書又は会葬の案内など喪主が誰かわかるもの、振り込み先口座番号などわかる銀行の通帳など

○国民年金に加入していた人：年金課等市区町村長の窓口で手続きをします。
届出に必要なもの：年金手帳、届出人の認印、年金手帳・届出人の認印・死亡した事項の記載のある戸籍謄本、相続人であることがわかる戸籍謄本・住民票など、振り込み先口座番号などわかる銀行の通帳など

あとがき

この本を読んでいただき、ありがとうございます。

これからの時代は、「女性の時代」と言われています。

不動産や金融資産をお持ちの女性の方も世の中に多くいらっしゃいます。

しかし、そのような女性が相続や遺言に関する書籍を書店に探しに行っても、男性向けの専門書ばかりが目につき、本当に自分に合った本を探そうと思ってもなかなか見つけられませんでした。

それがこの本の執筆を思い立った理由です。

いざ、自分のこととなると、「良い考え」や「良い対策」をしようと思っても、なかなかできないものです。

そのような現実を目の前にしたとき、女性の方々に少しでもお役に立ちたい、喜んでいただきたいという思いで本書を書きました。

「セレブのお守り」という言葉を本のオビにつけさせていただいたのも、女性の方すべてが「セレブ」だと私は思っているからです。

女性の方をお守りする、この本を手に取られたときになんとなく「癒される」、持っているだけで「安心する」、なんとなく「落ち着く」、なぜか「ほっとする」、そのような思いを少しでも感じていただきたくて、この本を執筆しました。

幸せは、その人が幸せと思うかどうかです。生まれながら恵まれた環境で育った人たちやそうでない人たちが同じ世の中を生きていく中で、それぞれの努力の積み重ねで福をつかみ取ることができます。福を積み重ねて幸せになりましょう。

困ったとき、不安になったときにこの本のページを開いてください。あなたに必要なことが書いてあります。きっとあなたを守ってくれます。

巻末についている「セレブのお守り」は、「あなたのお守り」です。

最後にこの本の発刊のために多くの方々にご意見やアドバイスをいただきましたことを厚く御礼申し上げます。総合法令出版編集部の田所さんをはじめ、みなさま本当にありがとうございました。

2010年6月28日　川村常雄

【著者紹介】

川村常雄（かわむら・つねお）

司法書士・行政書士・AFP・FP 技能士２級
1955 年３月生まれ　関西大学法学部卒業
1978 年司法書士登録、1980 年開業、2005 年司法書士法人 JLO を設立、代表に就任。
多くの役職や経験を活かし、「相続・遺言・成年後見」をテーマとしたセミナー活動を積極的に行っている。また幼少より華道をたしなみ、感性豊かな、外見からは想像ができないくらいに涙もろい一面を持つ。
「正確・迅速・親切」を信条とし、頼りにされる存在である。
ホームページ：http://jlo-shihousyoshi.com

司法書士法人 JLO のご案内

【経営理念】

「正確・迅速・親切」

【自社の存在目的】

「正確に書類を作成し、迅速に行動し、あと一言の親切を行ない、人に喜んでいただけける、人の役に立つ事務所になる」

【経営ビジョン】

「安心の創造」

日頃のひとつひとつの「正確、迅速、親切」の積み重ねが「安心の創造」となり、社会貢献となります。

【事業ドメイン】

「安心提供業」

お客様のご依頼に、「正確、迅速、親切」にお応えをして、安心をご提供し、信用、信頼を積み重ねていきます。

◎司法書士法人 JLO の主な業務
遺言書の作成・遺言の立会・遺言執行者の選任・遺言書作成の相談・相続の登記・遺産の整理・相続人の確定・相続財産調査・遺産分割・事業承継の相談

◎川村常雄事務所の主な業務
成年後見申立の書類作成・相談

【司法書士法人 JLO 連絡先】
・大東本部　〒 574 − 0076 大阪府大東市曙町 3 番 8 号
電話 072 − 874 − 3308
・東京事務所　〒 153 − 0051 東京都目黒区上目黒 2 丁目 13 番 5 号
スタジオデン中目黒 202　電話 03 − 6913 − 8515
・大阪事務所　〒 530 − 0047 大阪市北区西天満 1 丁目 11 番 20 − 1403 号
電話 06 − 4709 − 8651

ホームページ http://www.jlo-shihousyoshi.com

視覚障害その他の理由で活字のままでこの本を利用出来ない人のために、営利を目的とする場合を除き「録音図書」「点字図書」「拡大図書」等の製作をすることを認めます。その際は著作権者、または、出版社までご連絡ください。

マンガでわかる
女性のための相続遺言

2010年8月4日　初版発行

著　者　川村常雄
発行者　野村直克
発行所　総合法令出版株式会社
〒107－0052　東京都港区赤坂1-9-15 日本自転車会館2号館7階
電話　03-3584-9821（代）
振替　00140-0-69059

印刷・製本　中央精版印刷株式会社

落丁・乱丁本はお取替えいたします。

ISBN 978-4-86280-217-0

総合法令出版ホームページ　http://www.horei.com

※切り取って、財布やパスケースなどの
中に入れて、大切に持ち歩いてください。

セレブのお守り®

「福はあなたの中にあります」

「きっと幸せが訪れます」